Das Zen-Kochbuch für vegetarische Feinschmecker

Edward E. Brown

Das Zen-Kochbuch für vegetarische Feinschmecker

Die besten Rezepte
aus der Küche
des Tassajara Zen-Zentrums
in Kalifornien

1. Auflage 1986
Einzig berechtigte Übersetzung aus dem
Amerikanischen von Monika Petzenhauser. Redaktion Gisela Menza.
Titel der Originalausgabe: «The Tassajara Recipe Book».

Schutzumschlag unter Verwendung einer Zeichnung
von Marie & Stanislav Skoda.

Ich möchte dieses Buch
zweien meiner Lehrer widmen:

Zuerst meinem verstorbenen Meister,
Shunryu Suzuki, der einst zu mir sagte:
«Das Wichtigste ist
herauszufinden,
was das Wichtigste ist.»
(Ich habe noch immer daran zu beißen.)

Und dann meinem Lehrer aus Vietnam,
Thich Nhat Hahn,
der, obwohl er unsagbares Leid erduldete,
immer noch wiederholt:
«Bitte genieße deinen Atem»,
und der letzten Sommer zu mir sagte:
«Glücklich zu sein ist so wesentlich,
so grundlegend.»

Inhalt

Eine Einladung

Gerichte für unsere Gäste in Tassajara – ich möchte Sie einladen, sie mit uns zu teilen. Und auch die Berge, aus denen die Rezepte stammen.

In den Bergen trifft man auf vielfältige Bilder, Laute und Düfte. Auf Schritt und Tritt Bäume, wilde Blumen, Felsen, Bäche, Täler, Ausblicke. Willst du sehen und die Wahrheit der Berge begreifen, so laß los, öffne dich, werde empfänglich und gehe jeden Schritt, den du tust, mit dem bewußten Gefühl, angekommen zu sein.

So gebe ich Ihnen zusammen mit den Rezepten vielerlei Ausblicke, das Mark wandernder Berge; denn Kochen bedeutet eben nicht nur, sich an die Arbeit zu machen. Jenseits der Arbeit, oder in der besten aller Arbeiten, liegt die Weite der Berge.

«Kochst du,
so arbeitest du nicht einfach am Essen,
du arbeitest an dir selber,
du arbeitest an anderen.»
Shunryu Suzuki Rōshi

Essen ist keine Sache,
sondern der Kern der Sache,
das Fleisch und Blut von
Stein und Wasser, Erde und Sonne.

Essen ist keine Ware,
die Geld bezahlen kann,
sondern dauerndes, zähes Bemühen,
Lebenswerk zahlloser Lebewesen.

Beim Kochen lasse ich mich ein
auf den Kern der Sache,
lasse mich ein auf die eine Tätigkeit,
die Träume Wirklichkeit werden läßt.

Einführung

Tassajara ist ein einsames enges Tal am Ende einer 35 Kilometer langen Straße, die sich in die kalifornischen Berge hinaufwindet. Der Weg führt vorüber an Roßkastanien, Eichen, Kiefern, Farn, Buschwerk und Yucca. Oben vom Kamm aus, am Grat entlang, blickt man nach Osten auf das Tal von Saline, nach Westen auf das Küstengebirge. Bei uns kann man manchmal gleichzeitig den Mond auf- und die Sonne untergehen sehen. Wenn diese Berge auch vielleicht nicht aufsehenerregend scheinen, so sind sie doch rauh und weitläufig.

Nachrichten gelangen selten auf dem schnellsten Wege zu uns: kein Fernsehen, kein Radio; jede Zeitung ist mindestens einen Tag alt. Wichtige Meldungen kommen per Telefon, wenn das Telefon funktioniert, jemand es klingeln hört und abnimmt. Ein einzelner, an Bäumen befestigter Draht stellt die Verbindung her – jedenfalls meistens.

Tassajara ist ein zenbuddhistisches Meditationszentrum. In den Sommermonaten, von Mai bis Ende August, öffnen wir unsere Tore für Gäste, versorgen alle Besucher mit Übernachtungsmöglichkeiten und drei einfachen vegetarischen Mahlzeiten. Wir kochen täglich für etwa 65 Gäste und 50 Schüler. Das tun wir seit 18 Jahren.

Besucher, die den langen Weg zurückgelegt haben, finden sich hier weit entfernt von den Ängsten und der Hektik des Alltags. Sie können körperlich und geistig entspannen, die Sonne und das Wasser genießen. Bachabwärts gibt es ein Schwimmbecken und ein Wasserloch, bachaufwärts heiße Quellen und Dampfbäder, wo der Dampf des Schwefelwassers, vorgeheizt von der Natur und in Rohre geleitet, aus der Erde strömt. Hier ist es nicht nötig, etwas zu tun, zu leisten, vorzuzeigen – man braucht nur spazierenzugehen, zu lesen, entspannt zu atmen und zuversichtlich zu bleiben – und, selbstverständlich, zu essen.

Für unsere Gäste wollen wir etwas Besonderes kochen, etwas Köstliches, etwas, wovon man träumen kann. Nicht alles kann das Optimum der Kochkunst sein, aber der häufigste Kommentar: «Ich habe zuviel gegessen» beweist, daß das Essen sehr gut ist. Vielleicht ist es wirklich so wohlschmeckend. Aber auch die frische Bergluft, die heißen Bäder und die Tatsache, daß man so gut wie nichts zwischendurch ißt, tragen sicher zur obengenannten Äußerung bei. Ein altes deutsches Sprichwort heißt: «Hunger ist der beste Koch»; wenn Sie also wollen, daß die Gäste Ihr Essen mögen, gehen Sie vorher mit ihnen im Wald spazieren, und lassen Sie die Erdnüsse weg.

Was Essen zu etwas Besonderem werden läßt, ist das, was miteingebracht wird. Wir kochen mit mehr Liebe als Genie, mit mehr Hingabe als Kreativität. Was Essen – und alles andere – zu etwas Besonderem macht, ist die tägliche Fürsorge, das bewußte Bemühen. Niemand arbeitet auf diese Weise für Geld. Wir arbeiten so, weil wir, so gut wir können, unser Bestes geben wollen. Bewußte, ansteckende Einsatzbereitschaft entsteht, wird erwartet, hervorgerufen, erbeten – die Gäste warten.

Niemand in unserer Küche, einschließlich der Köche, ist ein Profi. Wir leben und arbeiten hier nicht, um unseren Unterhalt zu verdienen, sondern um unser Leben erfüllt zu machen. Die Berge haben uns in ihren Bann gezogen, die Meditation, das Leben, das wir miteinander teilen.

Der Tag des Kochs beginnt früh, lange bevor die Sonne über dem nahen Bergrücken auftaucht. Schon vor fünf Uhr morgens kämpft er gewöhnlich damit, aus dem Bett zu kommen, wach zu werden. Außer Mond und Sternen gibt es Kerosinlampen und Laternen. Draußen sieht man schemenhaft, farblos Berge, Bäume, Felsen. Die kühle Luft regt die Lungen an und zieht den Schlaf aus den Gliedern. Der neue Tag schlürft in Pantoffeln daher wie jemand, der noch nicht ganz bei sich ist. Deine Gedanken werden so laut in dieser Stille, als ob mitten in deinem Kopf jemand spräche.

Das auffallendste Geräusch ist der Ton von Holz auf Holz; er erklingt in Abständen und ist das Zeichen für die Leute, sich zur ‹Meditation› zu versammeln – oder was immer das ist, was wir tun, wenn wir auf schwarzen Kissen zusammensitzen. Atmen. Das Gesicht zur Wand gerichtet, zu begreifen versuchen, eine Ahnung davon zu erhalten, lebendig und annähernd wach zu sein um fünf Uhr morgens. Tassajara ist ein friedlicher und sicherer Ort; hier kann man aus der Reihe tanzen, die eigenen Rolläden aufziehen, reinen Tisch machen; sich mit dem Menschen vertraut machen, der man in Wirklichkeit ist. Sich wirklich einlassen. Einfach durch das Loch hindurchfallen. Im Jetzt erwachen. Na, wie klingt das?

Während der Koch so ruhig dasitzt, stellt er sich vielleicht vor, wie das Essen war, wie es sein könnte und wie er im Eifer des Kochens doch ganz ruhig, gesammelt, frisch und gelassen bleiben kann. Er betritt eine ganze Welt von Phantasiegerüchen und Aromen, wo Träume mit dem Gaumen sprechen; der Koch schweift vielleicht ab, wandert umher, um schließlich zum belebenden Duft der Bergluft zurückzukehren.

Einstimmung

Ich wasche mir die Hände, bevor ich mit Nahrung umgehe.
Ich reinige meinen Geist von den ewig gleichen Gedanken,
bereit, eine Hand darzureichen,
die heiter jede Aufgabe erfüllt.

Brote und Gebäck fürs Frühstück

Fast für jeden Morgen reicht Toast (und ganz besonders getoastetes Hirse- und Kartoffelmehlbrot), aber Zucker und Butter sind immer ein Volltreffer an solch gemütlichen Morgen, die man vertrödelt, an denen man Freunde trifft oder in aller Ruhe Zeitung liest. Angefangen bei Großmutter Marys Frühstückskuchen über den relativ einfachen Frühstücksbrotauflauf und Korinthen-Sahneküchlein bis hin zu Buttermilch-Kleiebrot bieten die Rezepte in diesem Kapitel eine große Auswahl an Süße und Fülle.

Diese Rezepte brauchen mehr Zeit als man benötigt, um ein paar Scheiben Brot in den Toaster zu stecken, aber sie sorgen für willkommene Wärme und Herzlichkeit. Vor allem Hefekuchen muß man zusätzlich zur Vorbereitungs- und Backzeit noch eine Weile gehen lassen.

Mögen wir uns doch diese Zeit füreinander nehmen.

In Wahrheit kannst du schon kochen.
Niemand bringt dir etwas bei,
aber du läßt dich anstoßen, läßt dich wecken.
So leg das Buch fort und frag dich zuerst:
«Was haben wir hier?»

Trotz der Vielzahl von Rezepten für Suppen und Salate,
für Brote und Hauptgerichte – um erleuchtet zu werden
und vollkommen im Hier zu leben, tritt
das einzigartige Aroma der Wirklichkeit
in jedem Atemzug, jedem Bissen,
jedem Schritt ans Licht, grenzenlos und ungelenkt.

Jedes Ding, so wie es ist,
Was hältst du davon?

Großmutter Marys Frühstückskuchen

Elaines Mutter Gloria erhielt dieses Rezept von ihrer Mutter Mary. Mit solch einem Rezept – wer braucht da noch erfinderisch zu sein? Es ist ein Klassiker, und wenn Sie in das Ergebnis hineinbeißen, werden Sie wissen, warum.

Der Teig muß dreimal gehen. Das trägt dazu bei, Aroma und Struktur zu entfalten; fangen Sie deshalb früh an und gehen Sie dann noch mal ins Bett oder meditieren Sie, oder planen Sie ein spätes Frühstück; aber keine Angst, es braucht nicht geknetet zu werden. Wenn etwas übrigbleibt, kann man vorzüglichen Toast oder Arme Ritter daraus machen.

Zutaten für 2 Kuchen ∅ 25 cm:

60 g Hefe oder 2 Eßlöffel Hefepulver in ½ Tasse warmem Wasser aufgelöst
1 Tasse Milch
1 Tasse Butter
1 Tasse Zucker
1 Teelöffel Salz
3 schaumig geschlagene Eier
4½ Tassen Mehl
1 Teelöffel frisch gemahlener Muskat
1 Tasse Rosinen mit ½ Tasse Mehl bestäubt

Belag:

¼ Tasse Mehl
¼ Tasse Zucker
2½ Eßlöffel Butter
1 Eßlöffel Zimt

Backofen auf 190 °C vorheizen.

Hefe in warmem Wasser auflösen und beiseite stellen.

Milch mit der Butter erhitzen, bis diese schmilzt, und in eine Rührschüssel gießen. Zucker und Salz hinzufügen. (Einen Eßlöffel des geschlagenen Eis zum Überpinseln zurückbehalten.) Wenn die Mischung warm, aber noch nicht heiß ist, die Eier hineinschlagen, jedoch nicht stocken lassen.

Probieren Sie die Flüssigkeit, um sicher zu sein, daß sie für die Hefe nicht zu heiß ist – Sie sollten sie als ganz warm empfinden (40 °C oder weniger) – und jetzt die aufgelöste Hefe hinzufügen.

Mehl, Muskat und die bestäubten Rosinen dazugeben und etwa 5 Minuten lang kräftig schlagen, damit der Teig glatt, glänzend und geschmeidig wird.

Teig in eine saubere, leicht gebutterte Schüssel geben. Mit einem feuchten Tuch bedecken und gehen lassen. Aufräumen und Pause machen.

Wenn der Teig zu doppelter Größe aufgegangen ist, etwa nach 45 Minuten, mit einem Löffel unterziehen und dabei die Schüssel langsam drehen. Zudecken und noch mal gehen lassen.

Nach dem zweiten Gehen, nach 30–40 Minuten, den Teig auf ein bemehltes Brett geben und in die gewünschte Anzahl Stücke teilen.

Stücke kurz durchkneten und zu einem Laib formen. Jeden Laib in eine gut gefettete Kastenform legen und dabei aufpassen, daß der Teig nicht mehr als die Hälfte der Form einnimmt, denn diese Brote gehen sehr auf. Beiseite stellen und ein drittes Mal gehen lassen.

Zutaten für den Belag mit den Händen zusammenkneten. Wenn der Teig gegangen ist, mit geschlagenem Ei bepinseln, die Oberfläche etwas einritzen und den Belag daraufstreichen.

Bei 190 °C eine Stunde backen, bis die Brote fest und goldbraun sind.

Danke schön, Großmutter Mary.

Blaubeermuffins

Dies sind die berühmten Blaubeermuffins, die von unserer Tassajara Brotbäckerei in San Francisco hergestellt werden. ‹Berühmt› deshalb, weil die große Nachfrage es uns nicht gestattet, sie aus dem täglichen Backrepertoire herauszunehmen.

Um Thanksgiving und Weihnachten herum ersetzen wir die Blaubeeren oft durch Preiselbeeren; in diesem Fall sollten Sie vielleicht etwas mehr Zucker in den Teig geben. Tiefgefrorene Beeren brauchen nicht aufgetaut zu werden.

Achtung: Obwohl wir in Tassajara etwas Vollweizenmehl verwenden, nimmt unsere Bäckerei in San Francisco für Blaubeermuffins kein Vollweizenmehl – sondern nur gebleichtes.

Zutaten für 18 Muffins ∅ 6 cm:

1 Tasse Vollweizenmehl
2 Tassen weißes Mehl
½ Teelöffel Natron
1 Eßlöffel Backpulver
1 Teelöffel Salz
⅓ Tasse braunen Zucker
abgeriebene Schale von 1 Zitrone
1 zerdrückte Banane
3 schaumig geschlagene Eier
1⅓ Tassen Buttermilch
½ Teelöffel Vanille
½ Tasse zerlassene Butter
2 Tassen Blaubeeren (frisch, tiefgefroren oder aus der Dose)
je 1 Eßlöffel Zimt und Zucker (zum Bestreuen)

Backofen auf 220 °C vorheizen.

(In Amerika gibt es besondere Formen mit Einbuchtungen für die einzelnen Muffins. Hier erhält man entsprechende Förmchen aus Backpapier, die Sie auf ein Kuchenblech oder in eine Springform setzen können.)

Mehl, Zucker, Natron, Backpulver und Salz in eine Schüssel sieben, die Zitronenschale und den braunen Zucker hinzufügen.

Die Banane sorgfältig zerdrücken und mit den Eiern, der Buttermilch, der Vanille und der zerlassenen Butter vermengen.

Das Gemisch zu den trockenen Zutaten geben und mit ein paar schnellen Schlägen unterrühren (etwa 12–14). Der Teig wird durch die trockenen Zutaten klumpig und ungleich, aber man darf dennoch nicht zu viel rühren, da die Muffins sonst hart werden.

Vorsichtig ¾ der Blaubeeren darunter heben, wieder nur ganz kurz umrühren (5–6mal). Nun ist genug gerührt, obwohl noch immer einige Unebenheiten bleiben. Wenn der Teig vollkommen glatt ist, hat man zu viel gerührt.

Papierförmchen zu ¾ füllen, mit den restlichen Blaubeeren verzieren und mit Zucker und Zimt bestreuen.

Auf mittlerer Schiene bei 220 °C 25 Minuten backen, bis an einem hineingesteckten Zahnstocher kein Teig mehr hängenbleibt.

Wenn Sie und Ihre Familie nicht 18 Muffins auf einen Sitz verzehren können, teilen Sie sie mit den Nachbarn, oder verteilen Sie sie an Ihrem Arbeitsplatz. Sie können sie auch einfrieren, aber ist das nicht eine sehr kalte Lösung?

Anna Becks Superpfannkuchen

Anna und Bob Beck haben 1966 Tassajara an das Zen Zentrum verkauft. Seit langem ein Fan unserer Kochkunst, bereichert Anna sie selbst mit diesen hervorragenden Pfannkuchen. Wenn man die Pfannkuchen nicht aus weißem Mehl herstellt und neben Milch auch noch Joghurt und Hüttenkäse verwendet, brauchen sie länger, aber das Ergebnis rechtfertigt die Wartezeit.

Zutaten für 24 oder mehr schöne große Pfannkuchen:

2 Eier
1 Tasse Milch
½ Tasse Joghurt
½ Tasse Hüttenkäse
½ Tasse weißes Mehl
¼ Tasse Vollweizenmehl
¼ Tasse feines Maismehl
2 Eßlöffel Sojamehl, leicht geröstet
2 Eßlöffel Hirse
½ Teelöffel Salz
½ Tasse Butter
2 Eßlöffel Honig

Eier, Milch, Joghurt und Hüttenkäse vermischen.

Trockene Zutaten zusammensieben und unter die Milchmischung heben.

Butter und Honig schmelzen und zu den übrigen Zutaten geben.

Teig in der Pfanne ausbacken, etwa 3 Minuten auf jeder Seite.

Korinthen-Sahnescones

Macht man sie mit rein weißem Mehl, so wird dieses Gebäck leicht, zart und locker. Nimmt man nur Vollweizenmehl, schmekken diese Scones nußartig, nach Weizen, sie werden aber krümelig und eher etwas trocken. Durch eine Mischung der Mehlsorten erhält man das beste Ergebnis: die weiche, lockere Konsistenz von weißem Mehl und das Aroma von Vollweizenmehl. Gesüßt wird nur durch die Korinthen und mit dem wenigen Zucker in der Glasur, die ganz dünn darübergestrichen wird, denn wir setzen natürlich voraus, daß die Scones, sobald sie aus dem Backofen kommen, auf Unmengen von Marmelade und Honig treffen – und auf viele hungrige Münder.

Zutaten für 8–10 Scones:

2 Tassen gemischtes Mehl
½ Teelöffel Salz
2½ Teelöffel Backpulver
5 Eßlöffel Butter
½ Tasse Korinthen
2 Eier
5 Eßlöffel Sahne (oder Milch oder halb und halb)
einige Tropfen Vanille

Backofen auf 200 °C vorheizen.

Mehl zusammen mit dem Salz und Backpulver in eine Schüssel sieben.

Butter mit einem Teigschaber oder mit den Fingerspitzen untermischen, bis sie in kleinen Klümpchen im ganzen Mehl verteilt ist.

Korinthen zu der Mehl-Buttermischung geben.

Eier schaumig schlagen, Sahne und Vanille dazutun und einen Eßlöffel des Ganzen für die Glasur zurückbehalten.

Gemisch in die Mehl-Buttermischung gießen und die Zutaten locker miteinander vermengen, zuerst mit einer Gabel, dann mit den Händen. Den Teig locker verarbeiten; er sollte eine recht gleichmäßige Konsistenz bekommen. Wenn man ihn aber zu lange knetet, werden die Scones eher hart und fest.

Den Teig einige Male auf einem bemehlten Brett durchkneten, dann eine etwa 2 cm dicke runde Platte formen, leicht mit der Handkante glattklopfen.

Ein wenig Zucker mit dem für die Glasur Zurückbehaltenen mischen und den Teig damit bestreichen.

Den Teig in 8–10 keilförmige Stücke aufschneiden. Diese auf ein ungefettetes Backblech legen und bei 200 °C etwa 15 Minuten backen, bis sie schön aufgegangen und goldbraun sind.

Es läßt sich besonders gut essen, wenn einem das Wasser im Munde zusammenläuft – und wenn Sie sich Zeit nehmen, ein Dankgebet zu sprechen, bevor Sie diese Scones essen, wird das reichlich der Fall sein.

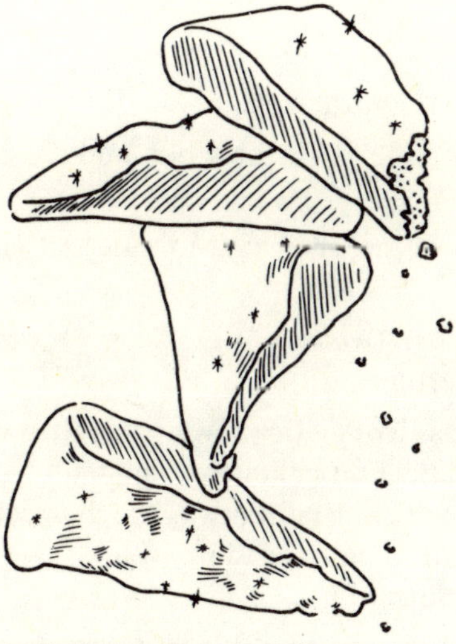

Frühstücksbrotauflauf

Wir bringen ihn oft auf den Tisch, sogar im Sommer, denn die Morgen in Tassajara können auch in dieser Jahreszeit frisch und kühl sein. Er sorgt für ein wärmendes Frühstück, das man mit Milch oder dünner Sahne servieren kann, oder auch mit frischem Obst: Himbeeren, Erdbeeren, Aprikosen, Pfirsichen. Wenn Sie altes Brot (aber nicht schimmliges) herumliegen haben, können Sie es auf diese Art gut verwenden.

Zutaten für 4–6 Personen:

- 6 Tassen Brot, ohne Rinde und in kleine Würfel geschnitten
- 6 Eßlöffel zerlassene Butter
- ½ Tasse Rosinen oder Korinthen
- 3 Tassen Milch
- 3 Eier
- 2 Eßlöffel Honig oder Ahornsirup (je nach Wunsch)
- ¼ Teelöffel Salz
- ¼ Teelöffel Muskat oder Kardamon
- ½ Teelöffel Zimt
- 1 Teelöffel Vanille
- 2 Teelöffel abgeriebene Orangenschale

Backofen auf 175 °C vorheizen.

Die Brotwürfel in eine Schüssel geben und die zerlassene Butter darübergießen.

Mit den Rosinen vermengen und in eine gut gefettete Auflaufform geben.

Eier, Milch, Zucker (wenn nötig), Salz, Gewürze, Vanille und Orangenschale verquirlen.

Mischung über das Brot gießen. Wenn das Brot wirklich schwammig ist, schnell alle Flüssigkeit aufsaugt und etwas Brot oben trocken bleibt, noch ein Ei mit etwas Milch mischen und hinzufügen. Alle Brotwürfel müssen durchtränkt sein, brauchen aber nicht zu schwimmen.

Die Form zudecken und bei 175 °C etwa 30 Minuten backen lassen.

Deckel entfernen und weiter backen, bis der Auflauf oben braun und die Eiercreme fest ist, 15–20 Minuten. Warm anrichten.

Variation: Der Brotauflauf kann auch als Nachtisch serviert werden, wenn man mehr Zucker in die Ei-Milch-Mischung gibt. Nach dem Backen kann man dann ein wenig Alkohol, je nach Geschmack, darübergießen.

Arme Ritter für Gäste

Nichts ist mehr heilig. Arme Ritter waren früher eben Arme Ritter. Heute sind sie völlig anders, und wir müssen sie vielleicht ‹Kalifornische Ritter› nennen. Wo soll das hinführen?

Einer unserer Sommergäste hat uns das Rezept gegeben, und jetzt, nachdem wir es ausprobiert haben, können wir unser altes nicht mehr hernehmen. Wenn Sie noch ein paar Stücke von Großmutter Marys Frühstückskuchen übrig haben, mit denen Sie dieses Rezept zubereiten können, um so besser.

Nebenbei: Sie können auch Vanillearoma und irgendeinen anderen Alkohol statt Sherry verwenden.

Zutaten für 6 Arme Ritter:

3 Eier
¼ Tasse Milch
1 Teelöffel Orangenblütenextrakt
1 Eßlöffel Sherry
½ Teelöffel Muskat
½ Teelöffel Zimt
abgeriebene Schale von 1 Orange oder 2 Tangerinen
1 Prise Salz
6 Scheiben Brot
Fett zum Braten

Eier gut schaumig rühren. Milch, Orangenblütenextrakt, Sherry, Gewürze, Orangenschale und Salz dazugeben.

Jede Scheibe Brot gut im Teig einweichen lassen und dann in Butter braten, bis sie goldgelb ist.

Mit warmem Ahornsirup oder Honig servieren oder mit Puderzucker bestreuen.

So gut es auch schmeckt, Sie werden sich besser fühlen, wenn Sie sich nicht damit vollstopfen.

Butterkuchen

Der Butterkuchen ist ein leichter Hefefrühstückskuchen und duftet köstlich nach Hefe und Butter. Der in Tassajara traditionelle Frühstückskuchenbelag findet sich das ganze Jahr hindurch auf fast jedem Tassajaragebäck. Aber dieser Butterkuchen ist eine solche Delikatesse, daß Sie den Belag vielleicht weglassen und nur vor dem Backen ein wenig Zimt und Zucker darüberstreuen wollen, oder Sie reichen ihn mit frischen Beeren verziert.

Zutaten für 1 großen oder 2 kleine Kranzkuchen:

1 Tasse Milch
½ Tasse Zucker
½ Teelöffel Salz
½ Tasse Butter, in Stückchen
3 schaumig geschlagene Eier
1 Eßlöffel Trockenhefe, aufgelöst in ¼ Tasse lauwarmem Wasser (weniger als 45 °C)
3½ Tassen weißes Mehl
1½ Teelöffel abgeriebene Orangenschale

Belag:

4 Eßlöffel Butter
½ Tasse gehackte oder gemahlene Mandeln
1 Eßlöffel frisch gemahlener Zimt
½ Tasse brauner Zucker

Backofen auf 190 °C vorheizen.

Milch mit Zucker, Salz und Butterstückchen kurz aufkochen und in eine große Schüssel gießen. Abkühlen lassen, bis sich die Flüssigkeit gerade noch warm anfühlt (45 °C oder weniger).

Die aufgelöste Hefe und die schaumig geschlagenen Eier zugeben und kurz schlagen.

Nach und nach das Mehl einrühren und kräftig schlagen, um einen ziemlich dicken, glatten, geschmeidigen Teig zu erhalten.

In gefettete und bemehlte Kranz- oder Springform (∅ 25 cm) füllen.

45 Minuten gehen lassen. Mit den Händen alle Zutaten für den Belag verarbeiten, und wenn der Teig gegangen ist, auf der Oberfläche verteilen und bei 190 °C backen, bis der Kuchen braun und fest ist (kleinere Kuchen sind schneller gar als größere).

Warm servieren.

Buttermilch-Kleiebrot

In dick geschnittenen Scheiben mit Ricotta und Honig oder Quark und Marmelade serviert, sorgt dieses Brot für ein wärmendes, köstliches Frühstück. Mit Milch oder Tee ergeben die Reste eine ausreichende Zwischenmahlzeit.

Zutaten für 1 Brot ∅ 25 cm:

1 Tasse Rosinen
½ Tasse kochendes Wasser
¾ Tasse ungebleichtes Weizenmehl
½ Teelöffel Salz
2 Teelöffel Backpulver
1 Teelöffel Natron
1 Tasse Vollweizenmehl
½ Tasse brauner Zucker
¼ Tasse Butter
1 Tasse Buttermilch
1 Teelöffel Vanille
1 geschlagenes Ei
1 Tasse Kleie

Backofen auf 180 °C vorheizen.

Rosinen mit dem kochenden Wasser überbrühen und beiseite stellen.

Salz, Backpulver, Natron und das weiße Mehl in eine Rührschüssel sieben. Vollweizenmehl und braunen Zucker hineinrühren.

Butter zerlassen und mit Buttermilch, Vanille und Ei verrühren. Das Rosinenwasser in die Buttermilchmischung gießen, dabei umrühren.

Die flüssigen Zutaten zu den trockenen geben und ungefähr 15mal schnell umrühren. Der Teig wird noch ein wenig klumpig sein, aber so soll vermieden werden, daß er zu fest wird. Kleie und Rosinen darunterheben und noch einige Male umrühren.

Eine 25 cm lange Kastenform buttern, mit Mehl bestäuben und den Teig hineinfüllen. Auf mittlerer Schiene bei 180 °C etwa 50 Minuten backen, bis das Brot braun ist und wieder hochgeht, wenn man mit dem Finger daraufdrückt. Das Brot auf einem Rost mindestens 10 Minuten abkühlen lassen, bevor Sie es anschneiden.

Wenn Sie das Ganze lieber als Muffins haben wollen, auch gut. Sie brauchen 10 Minuten weniger Backzeit.

Kardamon-Zitronen-Keksbrot

Lassen Sie den wohlriechenden Duft von Zitrone und Kardamon durch Ihre Küche ziehen, Ihren Morgen erfüllen, Ihren Kopf freimachen. Hier ist ein riesiges Keks, das genau dies fertigbringt und Ihnen den Mund wäßrig macht.

Zutaten für einen runden Laib Brot ∅ 20 cm:

1 Tasse weißes Mehl
1 Tasse Vollweizenmehl
½ Teelöffel Salz
½ Teelöffel Natron
1½ Teelöffel Backpulver
1 Eßlöffel Zucker (nach Wunsch)
½ Teelöffel frisch gemahlener Kardamon oder 1 Teelöffel Kardamonpulver
6 Eßlöffel Butter
1 Ei
abgeriebene Schale von 1 Zitrone
½ Tasse Buttermilch
1 Eßlöffel zerlassene Butter

Backofen auf 190 °C vorheizen.

Eine ∅ 20 cm Spring- oder Obstkuchenform leicht einfetten.

Die trockenen Zutaten in eine Schüssel sieben. Mit zwei Messern, einem Teigschaber oder den Fingern die Butter zu erbsengroßen Stückchen zerkleinern.

Eier, Zitronenschale und Buttermilch verquirlen, in die Mehlmischung geben und nur soviel rühren, daß alles vermengt ist.

Teig auf eine bemehlte Arbeitsfläche geben und kurz kneten, bis er glatt ist, höchstens 2 Minuten.

Zu einer runden Platte formen und in die gefettete Form legen, ein tiefes Kreuz oben hineinschneiden. Mit zerlassener Butter bestreichen.

Auf mittlerer Schiene bei 190 °C etwa 35 Minuten backen, bis der Kuchen goldbraun und fest ist.

Buttermilch-Pfannkuchen

Das ist unsere Version des ‹Pfannkuchenklassikers›.

Zutaten für etwa 24 Pfannkuchen:

½ Tasse Vollweizenmehl
½ Tasse ungebleichtes Weizenmehl
½ Teelöffel Salz
½ Teelöffel Natron
1 Ei
1 Tasse Buttermilch
1 Eßlöffel zerlassene Butter

Das Mehl mit Salz und Natron zusammensieben.

Eier leicht schaumig schlagen und mit der Buttermilch und der zerlassenen Butter verquirlen.

Die flüssigen mit den trockenen Zutaten verrühren.

In einer mäßig heißen Pfanne backen; von dort direkt auf den Teller geben.

Eier, Rührtofu und unser neuestes Granola

Jeder kann Eier kochen, oder? Aber wir mußten lernen, Eier für 60–80 Leute zu kochen und sie zur selben Zeit fertig und heiß zu haben. Deshalb gibt es im folgenden keine Rezepte für Verlorene Eier oder Spiegeleier. Allerdings zahlreiche für gebackene Eier, wunderbar, mit den verschiedensten Gewürzmischungen und auf die unterschiedlichsten Arten zuzubereiten; und es gibt ein Rezept für Rühreier. Omelettes machen wir auch, seitdem wir herausfanden, daß wir sie auf dem Backblech zubereiten und dann in Auflaufformen im Backofen heiß und saftig halten können.

Wenn man Eier bei geringer bis mäßiger Hitze kocht, schmekken sie besser, da das Eiweiß nicht zäh wird.

Wenn Sie morgens keine Eier sehen können, haben wir für Sie Rührtofu, was ganz ähnlich schmeckt wie Ei. Und das Granola Rezept schließlich hat nicht die geringste Ähnlichkeit mit Eiern.

Arbeit an meiner Arbeitsweise

Ich tue diese Arbeit
nicht, nur um sie
aus dem Weg zu haben,
sondern um
wirklichen,
gütigen, bewußten Geist zu schaffen.

Möge ich erweckt werden zu dem,
was diese Zutaten geben,
und möge ich, so gut ich kann,
Energie, Wärme, Phantasie erwecken,
diese Gaben von Herz und Hand.

Gebackene Eier auf Tomatensauce

Diese Eier kann man entweder in einer Muffinform (falls vorhanden, s. S. 21) oder in einer flachen Auflaufform backen. Sie können sehr hübsch aussehen, und mit Kräutern, Käse und Tomaten sind sie ausgesprochen wohlschmeckend und appetitanregend.

Butter
Tomatensauce, Ketchup oder eine scharfe Sauce
Eier
Salz und frisch gemahlener Pfeffer
frische Kräuter
geriebener Käse
Paprika

Backofen auf 160 °C vorheizen.

Flache Auflaufform gut einfetten.

Boden der Form mit einer dünnen Schicht Tomatensauce, Ketchup oder scharfer Sauce bedecken.

Eier in die Form schlagen, vorsichtig, nicht das Eigelb kaputtmachen!

Leicht salzen und pfeffern.

Mit einer reichlichen Schicht frischer Kräuter wie Thymian, Kerbel, Basilikum, Petersilie, Bohnenkraut oder Schnittlauch bedekken, einzeln oder gemischt. Darüber Käse häufen, Appenzeller, Emmentaler oder Gruyere, gemischt mit etwas Cheddar oder Parmesan.

Mit einer Prise Paprika überstäuben und bei 160 °C 8–10 Minuten im Ofen backen, je nachdem, wie weich oder hart Sie Ihre Eier gerne essen.

Nach 5 Minuten nachschauen, ob alle Eier gleichmäßig backen und gegebenenfalls die Form drehen, wenn der Ofen nicht überall gleich heiß ist.

Die fertigen Eier mit einem Messer herausnehmen und auf Toast servieren.

Auflaufform für vier:

8 Eier
1½ Tassen geriebenen Käse
andere Zutaten wie oben.

Eine flache Auflaufform reichlich einfetten. Den Boden der Form mit einer dünnen Schicht Tomatensauce, Ketchup oder einer scharfen Sauce bedecken.

Die Eier vorsichtig aufschlagen und auf die Sauce geben. Wie oben mit Salz, Pfeffer, Kräutern und Käse bedecken.

Ohne Deckel auf der Mittelschiene des Ofens bei 160 °C backen. Die Eier brauchen 15–20 Minuten, nach 10 Minuten überprüfen und gegebenenfalls die Form drehen, wenn die Eier ungleichmäßig gar werden. Sie sind fertig, wenn sich das Weiße gesetzt hat und das Gelbe noch weich ist.

Gebackene Eier mit Senf und Estragon

Gebackene Eier mit Sahne, Senf und Estragon ist auch etwas, was wir sehr gerne essen. Sie sind wohlriechend, frisch und würzig.

Zutaten für 4 Personen:

⅓ Tasse Sahne
Dijon-Senf
Butter
8–10 Eier
Salz und Pfeffer
½ Tasse geriebener Käse: Parmesan oder Gruyere
1 Eßlöffel frischer Estragon, fein gehackt,
oder ein Teelöffel getrockneter Estragon

Backofen auf 180 °C vorheizen.

Sahne abmessen und den Senf je nach Geschmack hinzufügen.

Boden einer Auflaufform einfetten und die Sahne hineingießen.

Eier darübergeben, ohne das Eigelb zu zerstören.

Leicht salzen und pfeffern. Den geriebenen Käse über die Eier verteilen. Verwenden Sie getrockneten Estragon, dann streuen Sie ihn mit dem Salz und Pfeffer darüber.

Eier bei 180 °C 20–25 Minuten im Ofen backen, bis sie fest sind. Nach 15 Minuten überprüfen und gegebenenfalls die Form drehen, damit alle Eier gleichmäßig backen.

Frischen Estragon erst während der letzten Minuten im Backofen darüberstreuen oder auch als Garnierung verwenden.

Gebackene Eier, mexikanisch

Wenn wir die zum Frühstück machen, werden wir häufig nach dem Rezept gefragt. Wie Sie sehen können, handelt es sich um eine Variante des Grundrezepts (s. S. 35).

Zutaten für 4–6 Personen:

1 mittelgroße Zwiebel, in kleine Würfel geschnitten
2 mittelgroße Knoblauchzehen, fein gehackt
Butter zum Dünsten
⅓ Tasse milder grüner Chilis aus der Dose, klein gewürfelt oder in Streifen geschnitten
¾ Tasse ganze Tomaten, frisch oder aus der Dose, abgetropft und gehackt
1½ Teelöffel Kümmelsamen, geröstet, bis es raucht, dann in der Gewürzmühle mahlen oder im Mörser zerstoßen
8–9 Eier
Salz und Pfeffer
1 Tasse Emmentaler, gerieben oder in Streifen geschnitten

Backofen auf 175 °C vorheizen.

Zwiebeln und Knoblauch bei mittlerer Hitze dünsten. Wenn die Zwiebeln weich sind, Chilis, Tomaten und Kümmel hinzufügen. (Man kann auch gemahlenen Kümmel verwenden und ihn in einer kleinen Pfanne rösten, aber nicht, bis er raucht!)

Eine flache Auflaufform einfetten. Die Sauce hineingießen, Eier daraufschlagen, ohne dabei das Eigelb zu zerstören.

Mit Salz und Pfeffer bestreuen und den Käse darauf verteilen.

20–25 Minuten bei 175 °C backen. Nach 15 Minuten immer wieder nachsehen und die Form drehen, um alle Eier gleichmäßig zu backen. Vorsicht, die Spanne ist nur gering zwischen: die Eier sind ‹noch nicht ganz genug› und ‹zu lang› gebacken; außerdem ist darauf zu achten, daß sie auch nach dem Herausnehmen noch ein wenig nachgaren.

Sofort anrichten.

Rühreier mit Weißwein

Der Alkohol ist verkocht, wenn der Wein eingezogen ist, aber die Eier behalten wunderbar das Aroma. Was für eine Überraschung, wenn Sie sie zum erstenmal kosten.

Zutaten für 4 Personen:

½ Tasse Weißwein
1 Zehe Knoblauch
8–10 Eier, schaumig geschlagen
½ Tasse geriebener Gruyere
¼ Tasse Schnittlauch (oder grüne Zwiebeln), geschnitten
½ Tasse getrockneter Majoran
Salz und Pfeffer

Den Wein mit dem Knoblauch köcheln lassen, bis er um die Hälfte eingekocht ist. Dann kann man den Knoblauch entweder herausnehmen oder fein hacken und zu den Eiern geben.

Eier schaumig schlagen und den reduzierten Wein dazugeben.

Eier in Butter bei mittlerer Hitze kochen und dabei ständig rühren. Denn wenn man sie langsam kocht, werden sie schön locker und weich.

Wenn die Eier langsam dick werden, Käse, Kräuter, Salz und Pfeffer hinzufügen. Sind sie zu einem dicken Brei geworden, aufhören zu rühren und bei etwas stärkerer Hitze so fest werden lassen, wie Sie sie gerne essen.

Gut gemacht!

Rührtofu

Dies ist ein Gericht, das wir manchmal unseren Gästen zum Frühstück vorsetzen und regelmäßig für uns selber machen. Es hat einige Ähnlichkeit mit Rührei, besonders wenn man ein wenig Currypulver dazugibt; das färbt den Tofu gelb. Mit dem Thymian, dem Knoblauch und dem gewürfelten Gemüse sieht Rührtofu auch ein bißchen wie Truthahnfüllung aus. Wir mögen es gern und finden, daß es von Zeit zu Zeit ein guter Ersatz für Eier ist.

Zutaten für 4–6 Personen:

2 Blöcke Tofu (Bohnenquark), abgetropft und zerkrümelt
1 mittelgroße gelbe Zwiebel, gewürfelt
Sojaöl zum Braten
1 Karotte, gewürfelt
1 Stange Sellerie, gewürfelt
¼ Tasse Hefeextrakt
2 Zehen Knoblauch, gepreßt
½ Teelöffel Thymian, zerrieben
2 Eßlöffel Sojasauce
Salz und Pfeffer

Tofu zum Abtropfen auf eine schräge Unterlage legen und beschweren.

Gemüse in Würfel schneiden.

Zwiebeln in einer großen Pfanne im Sojaöl sautieren.

Wenn die Zwiebeln glasig sind, Karotten hinzugeben und weiter sautieren.

Wenn die Karotten ungefähr halb gar sind, Sellerie, Hefeextrakt und Knoblauch hineingeben. Weiterkochen, bis das Gemüse so weich ist, wie Sie es haben wollen.

Zerkrümelten Tofu hinzufügen und langsam erhitzen. (Zu starke Hitze neigt dazu, Tofu hart zu machen und entzieht ihm noch mehr Flüssigkeit.)

Mit Salz und Pfeffer abschmecken und, wenn nötig, mehr Sojasauce dazugeben.

Granola Tassajara

Dies Granola ist eine brandneue Version, besonders durch den Geschmack von Zimt und Ahornsirup.

Zutaten für 10–12 Tassen:

4½ Tassen Haferflocken
3 Tassen grobgehackte Mandeln
3 Tassen Sonnenblumenkerne
1 Tasse Saflor- oder Sonnenblumenöl
½ Tasse Malzsirup (oder ¼ Tasse Honig)
½ Tasse Ahornsirup oder Honig
1 Eßlöffel Vanille
½ Teelöffel Mandelextrakt
1½ Eßlöffel Zimt, in einer Gewürz- oder sauberen Kaffeemühle frisch gemahlen
1 Prise gemahlene Nelken
1½ Teelöffel Salz
1 Tasse (oder mehr!) der folgenden Früchte, die zur Auswahl stehen, in kleine Stückchen oder mundgerechte Happen geschnitten: Rosinen, getrocknete Aprikosen, Feigen oder Pflaumen, Datteln

Backofen auf 160 °C vorheizen.

Haferflocken, gehackte Mandeln und Sonnenblumenkerne in eine große Schüssel geben.

Öl, Sirup, Honig, Vanille, Mandelextrakt, Gewürze und Salz in einem Topf mischen und erhitzen, bis es flüssig wird.

Diese Mischung über die trockenen Zutaten gießen und vermengen, bis alles richtig feucht ist.

Auf ein Backblech verteilen.

Auf der mittleren Schiene des Ofens bei 160 °C 20 Minuten backen, bis das Granola goldgelb wird, dabei alle 5 Minuten umrühren, damit sich das Aroma gleichmäßig verteilt.

In eine große Schüssel geben und gelegentlich schütteln, bis das Granola völlig abgekühlt und trocken ist.

Trockenobst hinzufügen und vermischen.

In einem gut verschlossenen Behälter aufbewahren.

Hefebrot

Die Anweisungen für Hefebrot sind ziemlich kurz, fast so, als könnten Sie schon Brot backen. Wenn Sie es noch nicht können, darf ich Sie auf mein ‹Tassajara Brotbuch› (1970) hinweisen. Viele Leser, die vorher nie ein Brot gebacken hatten, haben mir versichert, daß dieses Buch erfolgreiche Brotbäcker aus ihnen gemacht hat.

Seitdem haben wir eine Reihe von Brotsorten entwickelt – Hirsebrot, Kartoffelbrot, Heidelberger Roggenbrot und Hüttenkäse-Dillbrot –, die sowohl in unserer Tassajara Brotbäckerei in San Francisco als auch in Tassajara zu einem Begriff geworden sind. Die Buchweizen-, Käse-Hefe- und Rieskabrote backen wir gelegentlich auch selber in Tassajara.

Folgenden Hinweis möchte ich in diesem Zusammenhang noch einmal wiederholen: Die aufgelöste Hefe darf nicht wärmer sein als 45 °C; wenn sie heißer ist, geht sie nicht auf. Das warme Wasser, in dem sie aufgelöst wird, ist also kaum wärmer als Körpertemperatur.

Die ‹Eiwäsche›, mit der man gewöhnlich das Brot vor dem Backen bestreicht, macht man mit einem geschlagenen Ei und einem Eßlöffel kaltem Wasser.

Geschenke für jede Gelegenheit

Öffne dich jederzeit
Atme tief und weit, Atem,
der losläßt, alles überall durchdringt,
der Knoten löst, entspannt.

Öffne dich, wann immer du willst.
Dort, wo er herkommt, gibt es mehr.

Öffne dich jederzeit, atme ganz nah und
vertraut ureigensten Atem,
der nichts anderes tut,
als die traurigsten,
schmerzvollsten Stellen mit Zärtlichkeit und
Wärme zu berühren,
Stellen, so lange vernachlässigt
und so hungrig nach gütiger Beachtung.

Tue es oft.

Öffne dich jederzeit
Atme entspannt und gelassen, Atem,
der nichts andres zu tun hat,
als Salat und Kartoffeln zu richten,
Nahrung für den Atem.

Kartoffelbrot

Das ist Tassajara Weißbrot – und zwar ein sehr nahrhaftes, besonders, wenn man es mit den Produkten aus dem Supermarkt vergleicht. Sehr beliebt in unserer Brotbäckerei in San Francisco, kann man mit diesem Brot ausgezeichneten Toast und herrliche belegte Brote machen.

Zutaten für 2 Brote:

1 Eßlöffel Trockenhefe
1¾ Tassen warmes Wasser
3 Eßlöffel Honig
⅓ Tasse Milchpulver
3 Tassen ungebleichtes Weizenmehl
1½ Tassen gekochte Kartoffeln, zerdrückt (½ Pfund roh)
2 Teelöffel Salz
3 Eßlöffel Mais- oder Safloröl
3–4 Tassen ungebleichtes Weizenmehl

Hefe mit Honig in Wasser auflösen. Milchpulver und drei Tassen Mehl hinzufügen. Gründlich zu einem dicken Teig zusammenkneten. Zudecken und an einen warmen Platz stellen, 45 Minuten gehen lassen.

Kartoffeln kochen. Wenn sie gar sind, vom Herd nehmen und gut zerdrücken. (Wir lassen die Schale dran.)

Wenn der Teig gegangen ist, Salz, Öl und zerdrückte Kartoffeln hinzufügen und gut vermischen.

Noch 2 Tassen Mehl darunterheben und dabei die Schüssel langsam drehen. Wird der Teig zu dick zum Rühren, auf eine bemehlte Arbeitsfläche legen und anfangen zu kneten.

Etwa 5 Minuten lang kneten, dabei so viel Mehl dazugeben, daß der Teig nicht klebt.

Teig in eine geölte Schüssel legen, abdecken und an einem warmen Platz etwa 50 Minuten zu doppelter Größe gehen lassen.

Zusammendrücken und noch mal gehen lassen.

Zwei Brote formen, in geölte Kastenformen legen und zu doppelter Größe gehen lassen. (Während das Brot geht, Backofen auf 180 °C vorheizen.) Die Oberfläche einschneiden, mit ‹Eiwäsche› (1 Ei und 1 Eßlöffel Wasser), Milch oder Wasser bestreichen.

Bei 180 °C eine Stunde lang backen, bis alle Seiten goldbraun sind.

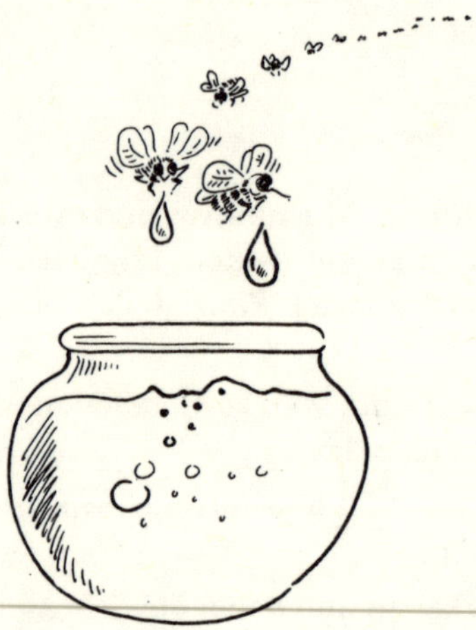

Hirsebrot

Dieses Brot aus unserer Tassajara Brotbäckerei in San Francisco wird aus ganzer Hirse hergestellt, und man kann damit knusprigen, wohlschmeckenden Toast machen. Die Hirse sollte einige Stunden vorher eingeweicht werden; ich biete aber auch noch eine andere Möglichkeit an.

Zutaten für 2 Brote:

2 Tassen ganze Hirse
1¼ Tassen Wasser zum Einweichen der Hirse
2 Eßlöffel Trockenhefe
2 Tassen warmes Wasser
2 Eßlöffel Honig
3½ Tassen Vollweizenmehl (oder 1 Tasse Vollweizenmehl durch weißes Mehl ersetzen)
3 Eßlöffel Maisöl
2½ Teelöffel Salz
2¾–3 Tassen Vollweizenmehl

Hirse in 1¼ Tassen Wasser 6–8 Stunden einweichen. (Um diesen Vorgang zu verkürzen, kann man die Hirse auch in heißem Leitungswasser einweichen, um sie weich zu bekommen. Aber kein kochendes Wasser nehmen, denn dann wird die Hirse zu matschig.) Hefe in das warme Wasser rühren und Honig dazugeben. 3½ Tassen Mehl hineinrühren und kräftig schlagen, so daß ein elastischer, dicker Teig entsteht.

45–50 Minuten an einem warmen Platz gehen lassen.

Maisöl, Salz und Hirse mit dem Restwasser hineinrühren.

2–2½ Tassen Mehl darunterheben und dabei die Schüssel langsam jeweils eine Vierteldrehung bewegen.

Wird der Teig zu dick zum Rühren, auf eine bemehlte Arbeitsfläche geben, mit dem übrigen Mehl verkneten und, wenn nötig, noch etwas Mehl dazugeben, bis ein glatter Teig entsteht. (Allerdings verhindert die Hirse, daß er so glatt wird wie sonst.)

Schüssel reinigen, ölen und den Teig wieder hineingeben, einmal umdrehen, so daß die gesamte Oberfläche ölig wird. Zudecken und 1 Stunde zu doppelter Größe gehen lassen.

Zusammendrücken und an einem warmen Platz noch mal eine Stunde bis zu doppelter Größe gehen lassen. Backofen auf 180 °C vorheizen.

Zwei Brote formen und auf geölten Backblechen 30 Minuten gehen lassen. Oberfläche mit ‹Eiwäsche› (1 Ei und 1 Eßlöffel Wasser) bepinseln, wenn Sie eine glänzende goldbraune Kruste wollen.

Etwa 1 Stunde backen, bis das Brot oben und unten schön braun ist.

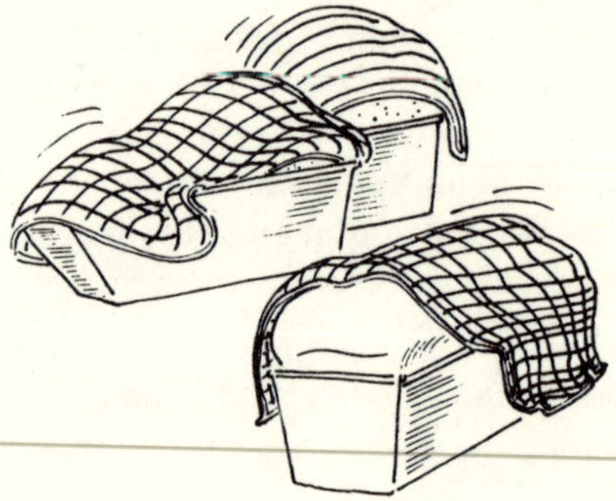

Heidelberger Roggenbrot

Ich weiß nicht, was Roggen ‹Heidelbergsch› macht. Aber dieses Brot ist leichtkörnig, dunkel und halbvoll mit Roggen. Um es dunkel zu färben, verwenden wir Kakao oder Johannisbrotpulver an Stelle von Karamellebensmittelfarbe.

Zutaten für 2 Brote:

1 Eßlöffel Trockenhefe
2 Tassen warmes Wasser
⅓ Tasse Melasse (Rübensirup)
1 Eßlöffel Kakao oder Johannisbrotpulver
1½ Tassen Roggenmehl
1½ Tassen weißes Mehl
2 Teelöffel Salz
2 Eßlöffel Maisöl
2 Eßlöffel Kümmelsamen
1½ Tassen Roggenmehl
1½–2 Tassen weißes Mehl

Hefe in warmem Wasser auflösen und die Melasse hineingeben. Kakao oder Johannisbrotpulver mit dem ersten Roggen- und Weizenmehl hineinrühren. Zudecken und an einem warmen Platz bis zu doppelter Größe etwa 45–50 Minuten gehen lassen.

Salz, Maisöl und Kümmel dazutun. Roggenmehl darunterheben und die Schüssel dabei in Vierteldrehungen langsam bewegen.

Das weiße Mehl darunterheben, bis der Teig dick genug ist und auf eine bemehlte Arbeitsfläche gegeben werden kann.

Kneten und dabei nach Bedarf mehr Mehl hinzufügen, bis der Teig glatt und geschmeidig ist. (Roggenmehl neigt dazu, den Teig feucht zu machen. Seien Sie also nicht erstaunt, wenn der Teig auch nach längerem Kneten naß und leicht klebrig bleibt.) Wenn er ziemlich glatt ist, in eine geölte Schüssel geben, zudecken und an einem warmen Platz zu doppelter Größe gehen lassen, etwa 60 Minuten.

Zusammenkneten und noch mal gehen lassen.

Backofen auf 180 °C vorheizen.

Zwei Brote formen, in geölte Kastenformen geben und zu doppelter Größe gehen lassen. Oberfläche mit ‹Eiwäsche› oder Wasser einstreichen und bei 180 °C etwa 1 Stunde backen, bis die Brote tief dunkelbraun und oben fest sind.

Hüttenkäse-Dillbrot

Dies ist ein weiteres unserer Weißbrote. Es ist wunderschön mit Dill gesprenkelt und durch die Eier, die zusätzlich zur Hefe verwendet werden, besonders leicht. Dieses Brot ist ein attraktiver Appetitanreger und paßt durch seinen Kräutergeschmack ganz hervorragend zu Käse, Suppen und Salaten.

Zutaten für 2 Brote:

1 Eßlöffel Trockenhefe
1¾ Tassen warmes Wasser
3 Eßlöffel Honig
2½ Tassen ungebleichtes Weizenmehl
½ mittelgroße gelbe Zwiebel, in kleine Würfel geschnitten
2 schaumig geschlagene Eier
3 Eßlöffel Maisöl
½ Tasse Hüttenkäse
¼ Tasse getrockneter Dill
1 Eßlöffel Salz
3½–4½ Tassen weißes Mehl

Zuerst Hefe mit dem Honig in warmem Wasser auflösen. Die 2½ Tassen ungebleichtes Mehl hinzufügen. Kräftig schlagen, so daß ein glatter, dicker Teig entsteht. Zudecken und an einen warmen Platz stellen, etwa 45 Minuten lang zu doppelter Größe gehen lassen.

Die gewürfelten Zwiebeln in ein wenig Öl sautieren, bis sie glasig sind. Zum Abkühlen beiseite stellen.

Die abgekühlten Zwiebeln mit Eiern, Maisöl, Hüttenkäse, Dill und Salz in den gegangenen Hefeteig geben. Gut vermischen.

Ungefähr 3 Tassen weißes Mehl darunterrühren und dabei mit der Schüssel jeweils eine Vierteldrehung machen; das kommt der Bewegung des Knetens nahe. Wenn der Teig zu dick wird, auf eine bemehlte Arbeitsfläche legen.

5 Minuten lang kneten, nach Bedarf Mehl hinzufügen, um zu verhindern, daß er an der Arbeitsfläche oder Ihren Händen kleben bleibt.

Teig in eine geölte Schüssel geben, zudecken und bis zu doppelter Größe etwa 40 Minuten gehen lassen.

Zusammenkneten und noch mal gehen lassen.

Zwei Brote formen und in geölte Kastenformen geben. Zu doppelter Größe gehen lassen, etwa 25 Minuten.

Die Oberfläche mit ‹Eiwäsche› (s. S. 48) bestreichen und bei 180 °C 50–60 Minuten backen, bis die Brote schön braun sind.

Buchweizenbrot

Hier ist ein herzhaftes, aromatisches Brot. Ausgezeichnet mit Frisch- oder Kräuterkäse, eignet sich Buchweizenbrot auch gut als Hauptbestandteil eines leichten Mittag- oder Abendessens. Die Brote sind hoch und leicht, was jedoch nicht mehr ganz so zutrifft, wenn Sie statt des weißen Mehls Vollweizenmehl verwenden.

Wie gut schmeckt das!

Zutaten für zwei 25 cm lange Brote:

1 Eßlöffel Trockenhefe
¼ Tasse warmes Wasser
1½ Tassen heißes Leitungswasser
2 Eßlöffel Honig
¼ Tasse Butter
2½ Teelöffel Salz
1 Tasse gekochte, zerdrückte Kartoffeln, nicht zu naß (etwa ½ Pfund roh)
3 Tassen Buchweizenmehl
3–4 Tassen weißes Mehl (oder halb Vollweizenmehl)
zusätzliches Mehl zum Kneten
Butter für die Formen

Hefe in warmem Wasser auflösen und beiseite stellen.

In einer großen Schüssel 1½ Tassen Wasser mit Honig, Butter, Salz und gekochten Kartoffeln mischen. Mit einem Schneebesen verrühren. Probieren, ob die Mischung nicht zu heiß ist für die Hefe – sie sollte sich nur leicht warm anfühlen –, und die aufgelöste Hefe hinzufügen.

Das Buchweizenmehl hineinschlagen, dann das weiße Mehl darunterheben, dabei der Schüssel jeweils eine Vierteldrehung geben. Wird der Teig für den Löffel zu dick, legen Sie ihn auf eine bemehlte Arbeitsfläche.

10 Minuten lang kneten, dabei Mehl nach Bedarf zugeben, bis Sie einen glatten Teig haben.

Teig in eine saubere, geölte Schüssel geben. Etwas Butter auf die Oberfläche klopfen.

Mit feuchtem Tuch zudecken und an einem warmen Platz gehen lassen, bis der Teig doppelt so groß ist oder Ihr hineingesteckter Finger einen Abdruck hinterläßt.

Teig herausnehmen und zusammenkneten. Zwei Brote formen und in zwei 25 cm Kastenformen geben. Noch mal gehen lassen, während Sie den Backofen auf 180 °C vorheizen.

Oberfläche mit einem scharfen Messer einschneiden, mit Öl bepinseln und etwa 1 Stunde lang bei 180 °C goldbraun backen.

Käse-Hefebrot

Dieses Brot zeichnet sich dadurch aus, daß es gegrillten Käse enthält. Das Rezept ergibt einen zarten, duftenden hohen Laib; man braucht nicht zu kneten, und der Teig muß nur einmal gehen, so daß man das Brot recht schnell herstellen kann. Sie können es in einer Kranzform backen, als Standard Laib, oder auch in Muffinförmchen oder einer Charlottenform. Dieses Brot eignet sich hervorragend als Beilage zu einem ansonsten einfachen Abendessen, bestehend aus leichter Suppe, einem Salat und Obst. (Wahrscheinlich werden Sie für das übrige Essen nicht viel Käse brauchen.) Alle Reste ergeben gegrillten Käsetoast oder preisgekrönte Croutons für den Salat.

Zutaten für ein sehr großes Brot:

1½ Eßlöffel Trockenhefe
1 Tasse warmes Wasser
1 Tasse Milch
½ Tasse Butter, in Stückchen geschnitten
1 Teelöffel Salz
1 Eßlöffel Zucker
3 verquirlte Eier
3½ Tassen Mehl
2 Tassen Gruyere, Appenzeller oder Cheddar Käse, gerieben und in ¼ Tasse Mehl geschwenkt
½ Tasse Parmesan

Backofen auf 180 °C vorheizen

Wasser und Hefe mischen und beiseite stellen.

Milch abkochen und in eine große Schüssel gießen. Butter, Salz und Zucker hinzufügen.

Eier hineinschlagen. Probieren, ob die Temperatur der Milch-Butter-Eier-Mischung nicht zu heiß für die Hefe ist – nur gerade warm (45 °C oder weniger) –, und die aufgelöste Hefe hinzufügen.

Mit einem guten Schneebesen oder einem Holzlöffel das Mehl kräftig darunterrühren, so daß ein geschmeidiger, glänzender Teig entsteht.

Den Käse sorgfältig daruntermischen.

Eine große Kastenform einfetten und den Teig hineinfüllen, dabei die Form nur halb füllen. Teig zudecken, beiseite stellen und 40 Minuten gehen lassen.

Bei 180 °C etwa 50 Minuten backen, bis das Brot braun ist. Warm servieren.

Erwägen Sie doch einmal, das Brot als Sandwiche anzubieten mit Kräuterkäse und Tomatenscheiben, verziert mit Wasserkresse und/oder frisch gemahlenem Pfeffer oder vielleicht auch mit Avocados.

Rieskabrot

Halb Hefe, halb Backpulver, ergibt dies ein ziemlich schweres, duftendes Brot aus Gerste- und Roggenmehl mit Anis, Nelken, Zimt und Muskat. Sehr gut schmeckt es warm mit viel Butter und Marmelade.

Zutaten für ein rundes Brot:

½ Teelöffel Trockenhefe
¼ Tasse warmes Wasser
1 Teelöffel Melasse (Rübensirup)
½ Tasse weißes Mehl
½ Tasse Vollweizenmehl
1 Tasse Gersten- oder Roggenmehl, oder ½ Tasse von beiden (oder noch eine Tasse Vollweizenmehl)
1 Teelöffel Backpulver
3 Teelöffel Anissamen
¼ Teelöffel gemahlene Nelken oder 6 ganze Nelken
½ Teelöffel Zimt oder dieselbe Menge gemahlene Zimtstangen
das Abgeriebene von ½ oder 1 kleinen Orange
½ Teelöffel Muskat
¾ Tasse Milch oder flüssige Sahne
2 Eßlöffel zerlassene Butter

Backofen auf 200 °C vorheizen.

Hefe in warmem Wasser auflösen und Melasse hinzufügen.

Mehl und Backpulver in eine Schüssel geben.

Gewürze in einer Gewürzmühle zu feinem Pulver mahlen. Dann mit der Orangenschale unter das Mehl mischen.

Ein Loch in die Mitte machen und Milch, zerlassene Butter und aufgelöste Hefe hineingießen. Zusammenrühren, bis alle Zutaten gut vermischt sind. Dann nicht mehr rühren, da sonst der Teig hart wird.

Teig mit bemehlten Händen zu einem Ballen formen und oben flach drücken. Auf ein gefettetes Backblech legen.

Oberfläche mit einer Gabel einstechen und bei 200 °C etwa 45 Minuten das Brot schön braun backen.

Suppen und Brühen

Wir finden Suppen immer besonders sättigend und beruhigend, nahrhaft und reichhaltig. Sie gehören bei uns ebenso zum Mittagessen wie Salat und Brot.

Die Gemüsesuppen sind häufig mit Sahne angereichert, worauf Sie natürlich verzichten können. Ohne Sahne behalten sie mehr von ihrem eigentlichen, lebendigen Gemüsegeschmack. «Ein Koch», so hat ein Zen-Lehrer gesagt, «muß allein mit wilden Kräutern eine ebenso gute Suppe kochen können wie mit Butter und Sahne.»

Und doch spricht manches für die Butter. «Das Geheimnis der französischen Küche ist Butter, Butter und nochmals Butter.» Halten Sie's, wie Sie wollen.

Hier finden Sie zwei kalte Suppen (anders als Gazpacho) mitaufgenommen, ebenso zwei Bohnensuppen, die seit langem Standardgerichte bei uns sind; weiter zwei ungewöhnliche Suppen – Cashew- und Soja-Gemüsesuppe –, die wir hauptsächlich für uns selber kochen.

Das Kapitel schließt mit ein paar Rezepten für Brühe; aber ich möchte an dieser Stelle darauf hinweisen, daß das Bulgur Gericht ein einfaches Rezept für Pilzbrühe und die Kohlsuppe, süß-sauer, eines für Gemüsebrühe enthält. Außerdem finden Sie noch ein paar Marinaden im Kapitel ‹Tofu Hauptgerichte›.

Der verborgene Pfad: endlich enthüllt

Schau dich doch um.

Selbstvorwürfe,
unglücklich sein über dich und andere,
über Dinge und Begebenheiten,
hat es dich glücklich gemacht
oder unglücklich?

All diese Kritik,
diese Vorwürfe, Verletzungen, Schuldzuweisungen,
haben sie etwas besser gemacht?
Hast du nun endlich
allen Grund dazu,
glücklich zu sein über dich?

Denk lieber nicht daran.

Freu dich dieser Karotte, dieses Kohls,
der Kresse und der Gurke, auch wenn sie
diesmal nicht vollkommen sind.
Das ganz Besondere, nach dem du suchst,
findest du überall.

Vollkommene Kürbissuppe

‹Vollkommen› bezieht sich in diesem Fall nicht auf die Suppe, sondern auf eine Kürbissorte. Und wenn die Suppe vielleicht auch nicht vollkommen ist, so schmeckt sie doch unwahrscheinlich gut.

Wir bauen diesen Kürbis auf unserem Hof an. Außen ist er dunkelgrün, innen süß, saftig und feinkörnig.

Andere Kürbissorten, wie die großen gelben Gartenkürbisse oder Eierkürbisse, können Sie genauso verwenden. Sahne gibt der Suppe eine gewisse Fülle und mildert den Kürbisgeschmack, doch sie ist nicht unbedingt notwendig.

Eigentlich ist dies keine Suppe für unsere Sommergäste-Saison, aber wir mögen sie so gern, daß wir sie mitaufgenommen haben.

Zutaten für 4–6 Personen:

8 Tassen Kürbisstücke (etwa 2½ Pfund)
2 mittelgroße gelbe Zwiebeln, in mittelgroße Würfel oder Scheiben geschnitten.
3 Eßlöffel Butter
4 Zehen Knoblauch, gepreßt
¾ Teelöffel Salz
½ Teelöffel getrockneter Thymian
2 Eßlöffel Hefeextrakt
4 Tassen kochendes Wasser
½ Tasse Sahne
Salz und weißer Pfeffer
½ Teelöffel frischer Thymian

Kürbis aufschneiden und die Samenkerne entfernen. Schale abschneiden, wenn sie dick ist (bei ‹vollkommenem Kürbis› muß die Schale entfernt werden). Frucht in Stücke schneiden.

Zwiebeln mit Knoblauch, Salz, getrocknetem Thymian und Hefeextrakt bei mittlerer Hitze in Butter dünsten.

Sobald die Zwiebeln völlig weich sind, Kürbis und kochendes Wasser dazugeben, wenn nötig mehr Wasser nehmen, so daß der Kürbis bedeckt ist. Köcheln lassen, bis der Kürbis weich ist (etwa 40 Minuten).

Suppe durch ein grobes Sieb streichen oder im Mixer pürieren und in den Topf zurückschütten. Ist die Suppe zu dick, Wasser dazugießen.

Sahne hineingeben und mit Salz und weißem Pfeffer würzen. Frischen Thymian hinzufügen.

Anrichten, kosten, genießen.

Kartoffelsuppe mit gerösteten Zwiebeln

Einfach und wohltuend, wird diese Suppe durch gut geröstete Zwiebeln belebt und mit Sahne und buttrigen Croutons veredelt.

Achtung: Sie werden zweimal Zwiebeln aufgeführt finden. Die ersten, grob geschnitten, werden mit den Kartoffeln gekocht. Die zweiten, sauber gewürfelt, werden langsam in Butter und Öl geröstet.

Zutaten für 8–10 Tassen:

- 4 Tassen Kartoffeln (etwa 1¼–1½ Pfund), gewaschen und in 2½ cm große Stücke geschnitten
- 1 mittelgroße gelbe Zwiebel, grob geschnitten
- 2 mittelgroße Stangen Lauch, nur das Weiße, längs halbiert, oder noch eine mittelgroße gelbe Zwiebel, grob geschnitten
- 4 Tassen Wasser
- ½ Teelöffel Salz
- 2 Eßlöffel Butter
- 1 Eßlöffel Olivenöl
- 1 große gelbe Zwiebel, gewürfelt
- ½ Tasse Milch
- ½ Tasse Sahne
- frischer Kerbel oder Petersilie
- frisch gemahlener schwarzer Pfeffer
- etwa ½ Tasse kleine Croutons, in Butter geröstet

Kartoffeln, grobgeschnittene Zwiebeln, Lauch, Wasser und Salz in einen Suppentopf geben. Zum Kochen bringen und auf kleiner Hitze ohne Deckel etwa 40 Minuten köcheln lassen, bis das Gemüse vollkommen weich ist.

Während das Gemüse köchelt, 2 Eßlöffel Butter mit dem Öl in einer schweren Pfanne zerlassen und die gewürfelten Zwiebeln rösten, bis sie schön dunkel gebräunt sind. Häufig umrühren, damit sie nicht anbrennen.

Das gekochte Gemüse durch ein Sieb oder einen Durchschlag streichen und in den Suppentopf zurückgeben. (Keinen Mixer verwenden, die Kartoffeln werden sonst gummiartig.)

Die gerösteten Zwiebeln, Milch und Sahne in die Suppe geben, mit Salz abschmecken. Wenn nötig mit mehr Milch oder Sahne verdünnen.

Die Suppe mit reichlich feingehackten frischen Kräutern, grobgemahlenem Pfeffer und Croutons anrichten.

Grüne Bohnensuppe mit Basilikumbutter

Grüne Bohnen, Butter, Basilikum – die Zutaten sind einfach, die Suppe ein köstliches Elixier. Basilikumbutter zuerst herstellen, damit sie ein wenig reifen kann.

Zutaten für 6–8 Personen:

Basilikumbutter:

1–1½ Tassen Basilikumblätter, gehackt
5 Eßlöffel weiche Butter
abgeriebene Schale von 1 Zitrone (oder die Zitrone mit dem Kartoffelschäler dünn schälen und die Schale fein zerhacken)
Saft von 1 Zitrone
¼ Teelöffel Salz

Basilikumblätter mit dem Salz in einem Mörser zerstampfen, damit sich das Aroma so recht entfalten kann.

Mit Butter, Zitronenschale, Zitronensaft und Salz vermischen.

Zudecken und beiseite stellen; so kann sich das Aroma entwikkeln, während die Suppe zubereitet wird.

Übrige Basilikumbutter läßt sich gut mit gekochtem Gemüse, Kartoffeln, Nudeln oder auch als Brotaufstrich essen.

Suppe:

4 Eßlöffel Butter
1 mittelgroße gelbe Zwiebel, in Ringe oder Würfel geschnitten
½ Tasse grüne Zwiebeln (einschließlich 10 cm ihrer grünen Spitzen), gehackt
1 Teelöffel Salz
2 Pfund grüne Bohnen, geputzt und in etwa 2½ cm lange Stücke geschnitten
1¾ l Gemüsebrühe oder Wasser
½–1 Tasse Sahne (nach Wunsch)
Salz und frisch gemahlener schwarzer Pfeffer

Gelbe und grüne Zwiebeln in der zerlassenen Butter bei mittlerer Hitze dünsten. Nach einigen Minuten Salz hinzufügen und weiter dünsten, bis sie vollkommen weich sind. Beiseite stellen.

Die Bohnen in leicht gesalzenem, kochendem Wasser garen, bis sie glänzend grün und zart sind. Im Sieb über einem Topf abtropfen lassen, so daß das Wasser noch für die Suppe verwendet werden kann.

In einem Suppentopf die gedünsteten Zwiebeln und weichen Bohnen mit 6 Tassen des Bohnenwassers, Gemüsebrühe oder frischem Wasser vermischen. (Achtung! Erst probieren, ob das Bohnenwasser nicht zu salzig ist.) Aufkochen und bei schwacher Hitze 15 Minuten köcheln lassen.

Suppe im Mixer pürieren oder durch ein sehr feines Sieb streichen und die Sahne und mehr Wasser oder Brühe hinzufügen, je nachdem, wie dick oder dünn Sie die Suppe mögen.

Probieren, ob noch Salz fehlt. Jeden Teller mit einem Löffel Basilikumbutter und ein wenig gemahlenem Pfeffer anrichten.

Karottensuppe mit Orange

Mit dieser Suppe hat es etwas Geheimnisvolles auf sich: es ist gar nicht so offensichtlich, daß sie aus Karotten gemacht wird. Der Orangengeschmack schleicht sich mit den Karotten ein und erzeugt eine sehr feine Mischung von Aromen. (Aufpassen, wenn Sie mit säurehaltigen Zutaten, wie Orangen, kochen, nehmen Sie lieber keinen Aluminiumtopf, sondern einen, der nicht auf Säure reagiert.)

So, nun kennen Sie das Geheimnis, versuchen Sie also die Suppe.

Zutaten für 8 Tassen:

3 Eßlöffel Butter
½ gelbe Zwiebel, in Ringe oder Würfel geschnitten
das Weiße von 1 Lauchstange, grob gehackt, oder eine weitere Zwiebel, wenn kein Lauch vorhanden ist
1 Pfund Karotten, geschält und geschnitten
1 Teelöffel Salz
1 Teelöffel Hefeextrakt (nach Wunsch)
¼ Tasse frische Petersilie, gehackt
1 Lorbeerblatt
1 Teelöffel frischer Thymian, fein gehackt
8 Tassen Wasser
abgeriebene Schale von 1 Orange, sehr fein gehackt
Saft von 1 Orange
¼ Tasse Sahne
Kerbel oder Petersilie (zum Garnieren), fein gehackt
weißer Pfeffer, frisch gemahlen.

Die Butter in einem Suppentopf (nicht Aluminium) bei mittlerer Hitze zerlassen. Zwiebeln und Lauch hineingeben und 5 Minuten dünsten.

Karotten und Salz hinzufügen und weitere 10 Minuten dünsten.

Hefeextrakt (wenn Sie ihn verwenden) dazugeben und ein paar Minuten weiterrühren.

Kräuter und Wasser hinzufügen und zum Kochen bringen. Temperatur zurückschalten, so daß es gleichmäßig blubbert; etwa 25 Minuten weiterkochen.

Suppe vom Herd nehmen, in einem Mixer pürieren, bis sie glatt ist, dann durch ein feines Sieb in den Topf zurückstreichen.

Auf den Herd zurückstellen, Apfelsinenschale, Saft und Sahne dazugeben und bei geringer Hitze rühren, damit es sich vermischt. Mit Salz abschmecken. Wenn die Suppe heiß ist, Platte ausschalten, Topf zudecken und dem Aroma 15 Minuten Zeit lassen, sich zu entfalten.

Wenn notwendig, vor dem Anrichten aufwärmen. Mit frischen Kräutern und einer Prise weißem Pfeffer garnieren.

Kohlsuppe, süß-sauer

Das ist eine wohlriechende und angenehme Suppe; so leicht, daß man sie an heißen Tagen essen kann, und doch auch herzhaft genug für kühlere Tage. Die Brühe sorgt für den Großteil der intensiven und vielfältigen Aromen. Fangen Sie mit der Brühe an, und während sie köchelt, können Sie an der Suppe arbeiten.

Zutaten für etwa 8 Tassen:

Für die Gemüsebrühe:

1 Zwiebel, geschält und geviertelt
alle Schnipsel vom Gemüse für die Suppe aufheben
2 Lorbeerblätter
1 Karotte, geschält und in Scheibchen geschnitten
2 Stangen Sellerie oder Fenchelknollen, geschnitten
4 Stengel Thymian
1 Teelöffel Fenchelsamen
1 Teelöffel Dillsamen
½ Teelöffel Koriandersamen
1 Teelöffel Salz
10 Tassen Wasser

Alle Zutaten in einen Suppentopf geben, zum Kochen bringen und 25–30 Minuten köcheln lassen.

Zutaten für 12–14 Tassen:

Für die Suppe:

2 Eßlöffel Butter
1 gelbe Zwiebel, gewürfelt
1 kleine Kartoffel, in kleine Würfel geschnitten (1–1,5 cm)
1 Stange Sellerie, dünn geschnitten, oder 3–4 Fenchel, fein geschnitten
1 Karotte, in kleine runde Scheiben oder schmale Streifen oder kleine Würfel geschnitten
½ Teelöffel Salz
2 Teelöffel Dillsamen
1 Teelöffel Fenchelsamen
1 Teelöffel Koriandersamen, im Mörser zerstampft
3 Tassen Grünkohl, in mundgerechte Stücke geschnitten
4 große reife Tomaten, geschält und geschnitten, oder 2½ Tassen geschnittene Tomaten aus der Dose (Saft aufheben)
8 Tassen Gemüsebrühe
2–3 Eßlöffel Reiswein oder Obstessig
2–3 Eßlöffel brauner Zucker
frischer gemahlener Pfeffer
frischer Dill oder Fenchelkraut (zum Garnieren), gehackt
Sauerrahm (nach Wunsch)

Butter in einem großen Suppentopf (wenn möglich nicht Aluminium) zerlassen, Zwiebeln hineingeben und bei mittlerer Hitze dünsten, bis sie glasig sind.

Kartoffeln, Sellerie, Fenchel, Karotten, Salz und Kräuter hineingeben. 15 Minuten dünsten, dabei gelegentlich umrühren.

Kohl, Tomaten und den aufgehobenen Tomatensaft hinzufügen und 5 Minuten köcheln lassen.

Die 8 Tassen Gemüsebrühe hineingeben, zum Kochen bringen und bei reduzierter Hitze 30 Minuten köcheln lassen.

Mit Salz abschmecken. Essig und Zucker hineingeben, dabei mit geringen Mengen anfangen und nach und nach jeweils mehr hinzufügen, um nach Bedarf die Säure auszugleichen oder zu vermehren.

Einige Minuten köcheln lassen.

Mit schwarzem Pfeffer und sehr viel frischem Dill oder Fenchelkraut, oder mit saurer Sahne anrichten.

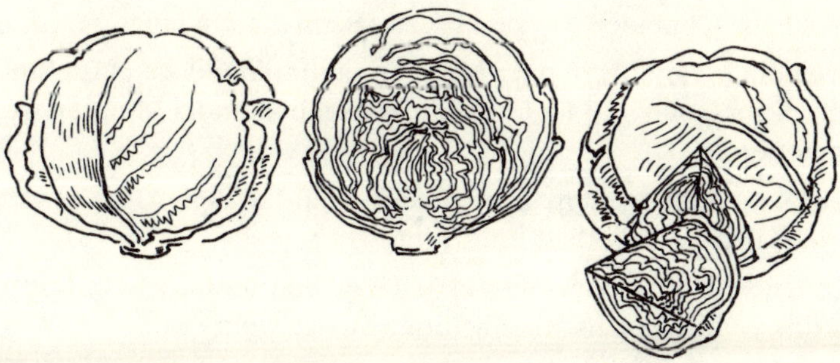

Spinat- oder Mangoldsuppe

Wie herrlich können Spinat oder Mangold schmecken? Kochen Sie diese Suppe, und stellen Sie es selber fest. Sie können zwar den Käse in der fertigen Suppe nicht mehr sehen, aber er gibt dem Aroma Gehalt und Biß. Die Suppe kommt in den Mixer, so daß Sie die Stiele am Spinat oder Mangold nicht zu entfernen brauchen. Obwohl bei dieser Suppe eigentlich alle Käsesorten verwendet werden können, verzichten Sie lieber auf die eher faserigen wie Mozzarella. Etwas Parmesan, Appenzeller oder Emmentaler ist eine besonders willkommene Zugabe.

Zutaten für 8–10 Tassen:

3–3½ kg frischer Spinat oder Mangold, gewaschen und leicht in das Meßgefäß gedrückt.
1 Eßlöffel Sojaöl
2 kleine gelbe Zwiebeln, in Ringe geschnitten oder gewürfelt
½ Teelöffel Salz
2 mittelgroße Zehen Koblauch, gepreßt oder fein gehackt
3 Eßlöffel Hefeextrakt
2 Tassen Gemüsebrühe oder Wasser
½–1 Tasse geriebene Käsereste, Brocken, Stücke oder Scheiben
Salz und Pfeffer
frisches Basilikum (nach Belieben)

Spinat oder Mangold gründlich waschen, so daß kein Sand zurückbleibt. (Dazu muß man fast immer zweimal waschen.) Obwohl Sie bei Spinat oder Mangold die Stiele nicht zu entfernen brauchen, schneiden Sie sie kreuzweise in 2,5 cm lange Streifen.

Zwiebeln in Sojaöl ein paar Minuten sautieren, bis sie glasig sind. Salz, Knoblauch und Hefeextrakt dazugeben und 5 Minuten weitersautieren.

Grünzeug hineingeben, Topf zudecken und dämpfen, bis es welk wird, dabei gelegentlich umrühren.

Kochende Brühe oder Wasser hinzugießen und köcheln lassen, bis das Gemüse, einschließlich der Stiele, weich ist.

Die Suppe im Mixer gleichmäßig sämig pürieren und auf den Herd zurückstellen. Den geriebenen Käse dazugeben. (Wir brauchen viele Käsereste auf mit diesem Rezept – alle trockenen

Rinden und alten Enden können in die Suppe gerieben werden.) Mehr Käse verwenden, wenn er milde, weniger, wenn er scharf ist.

Mit Salz und Pfeffer würzen. Mit frischem Basilikum kann man die Suppe wunderschön garnieren.

Linsensuppe mit Tomaten und Minze

Linsen kann man auf die verschiedenste Weise würzen. Mit dem Aroma von Tomaten und Minze schmeckt diese Linsensuppe köstlich frisch.

Zutaten für etwa 10 Tassen:

1½ Tassen Linsen
8 Tassen Wasser oder Brühe (ungesalzen)
1 Lorbeerblatt
½ Teelöffel Thymian
¼ Teelöffel Salbei
1 große rote Zwiebel, gewürfelt
Butter
Olivenöl
2–3 Stangen Sellerie, in Scheiben geschnitten
2–3 Zehen Knoblauch, sehr fein gehackt oder gepreßt
4 mittelgroße–große Tomaten, blanchiert und geschält, oder eine 1-Pfund Dose Tomaten, abgetropft
2–2½ Eßlöffel frische Minze, fein gehackt
Salz und Pfeffer

Linsen zusammen mit dem Lorbeerblatt, Thymian und Salbei im Wasser oder der Brühe etwa 2 Stunden kochen, bis sie schön weich sind. (Oder im Dampftopf 15 Minuten.)

Die rote Zwiebel in Butter und ein wenig Olivenöl ein paar Minuten sautieren, bevor Sie Sellerie und Knoblauch dazugeben. Weiter sautieren, bis der Sellerie weich wird.

Die Tomaten in Stücke schneiden und zum Gemüse geben. 10 Minuten köcheln lassen und von der Platte nehmen.

Gemüse zu den weichen Linsen geben.

Mit Minze, Salz und Pfeffer würzen und bis zum Anrichten köcheln lassen.

Abschmecken.

Dicke Bohnensuppe mit Grünkohl

Nahrhaft und wärmend, ist diese Suppe besonders gut bei kühlem Wetter. Der herbe Geschmack des Grünkohls ergänzt sich gut mit dem sämigen, weichen Geschmack der Bohnen. Anderes herbes Grün – wie Senfkraut, Sauerampfer und Wirsing – eignet sich ebenfalls gut. Spinat und Mangold sind oft ein wenig zu süß für diese Suppe.

Zutaten für 8–10 Tassen:

1½ Tassen dicke weiße Bohnen, über Nacht eingeweicht
3 l Wasser
1 Lorbeerblatt
3–4 Salbeiblätter, frisch oder getrocknet
2 große Zehen Knoblauch, geschält
2 Eßlöffel Butter
1½ Tassen fein gewürfelte gelbe Zwiebeln
1 Eßlöffel Hefeextrakt
1 Teelöffel Salz
frisch gemahlener Pfeffer
6–8 Tassen Grünkohl, entstielt und in Löffelgröße gehackt
Sahne zum Abrunden (nach Belieben)

Bohnen in 3 Liter Wasser zusammen mit dem Lorbeerblatt, Salbei und den ganzen Knoblauchzehen köcheln lassen, bis die Bohnen völlig weich sind, etwa 2–2½ Stunden.

Ein Viertel der gekochten Bohnen herausnehmen, im Mixer pürieren und in den Topf zurückschütten. Das Püree soll der Suppe eine sämige Grundlage geben.

Einen Eßlöffel Butter in der Pfanne zerlassen und die Zwiebeln glasig dünsten. Hefeextrakt, Salz und etwas Pfeffer hineingeben, dabei häufig umrühren, damit die Hefe nicht an der Pfanne kleben bleibt. 5 Minuten kochen und zu den fertigen Bohnen geben.

Grünkohl in der restlichen Butter weich dünsten. Mit den Bohnen mischen und so viel Wasser hinzufügen, daß es etwa eine Menge von 3 Litern ergibt. Aufkochen und 1 Stunde köcheln lassen.

Suppe abschmecken und nach Belieben mit Sahne abrunden.

Mit etwas dunklem Brot und Krautsalat genießen.

Kichererbsensuppe mit Spinat

Würzig mit Knoblauch, Chili und Thymian; erdig mit Kichererbsen; herb mit Spinat; süß mit Zwiebeln und Tomaten – diese Suppe hat viele interessante Aromen. Die Chilischote, die wir brauchen, muß eine große, milde Chili sein, deren Süße an Backpflaumen erinnert. Man bekommt sie gelegentlich in den Spezialabteilungen großer Supermärkte und in Feinkostläden. (Ersatzweise kann man Chili- oder Paprikapulver verwenden.)

Zutaten für etwa 12 Tassen:

1½ Tassen trockene Kichererbsen (Garbanzo Bohnen)
1 mittelgroße rote Zwiebel, klein gewürfelt
1½ Teelöffel frische Thymianblätter, grob gehackt, oder ½ Teelöffel getrockneter Thymian
3–4 Eßlöffel Olivenöl
3 Zehen Knoblauch, fein gehackt
1 Chilischote, geröstet und gemahlen, oder ¼ Teelöffel Chilipulver, oder 1 Teelöffel Paprikapulver
4 große, sehr reife Tomaten, geschält, entkernt und geschnitten, oder 2 Dosen Tomaten, geschnitten (Saft aufheben)
1 Lorbeerblatt
1 Teelöffel Salz
⅓ Tasse Sherry
8 Tassen Kochflüssigkeit, von den Kichererbsen, einer Gemüsebrühe oder dem Saft der eingemachten Tomaten
1 Bund Spinat
Salz und frisch gemahlener schwarzer Pfeffer

Erbsen über Nacht einweichen. Mit mindestens 4 Tassen Wasser zwei Stunden oder länger weich kochen (oder 20–30 Minuten im Dampftopf). Kein Salz hineingeben, bevor die Erbsen nicht weich sind.

Zwiebeln mit Thymian in Olivenöl bei mittlerer Hitze weich dünsten.

Bei stärkerer Hitze Knoblauch, Chili (oder Paprika), Tomaten, Lorbeerblatt, Salz und Sherry hinzufügen und 15 Minuten schmoren.

Die gekochten Kichererbsen und 8 Tassen Flüssigkeit, Erbsenwasser, Saft von Dosentomaten, Gemüsebrühe oder Wasser, hinzufügen. 20–30 Minuten köcheln lassen, damit die Erbsen etwas vom Aroma aufnehmen können.

Spinatblätter hineingeben (klein genug schneiden, daß sie beim Essen nicht über den Löffelrand hängen), und noch mal 5 Minuten kochen lassen.

Mit Salz und Pfeffer abschmecken.

Gelbe Erbsensuppe mit Zitrone und Kümmel

Das erdige Aroma der Erbsen in dieser Suppe wird durch einen kräftigen Zitronengeschmack hervorgehoben. Gewürzt wird mit Kümmel.

Zutaten für etwa 8 Tassen:

2 Tassen gelbe Schälerbsen, verlesen und gewaschen
8 Tassen Wasser
1 Lorbeerblatt
2 Eßlöffel Butter
1 Eßlöffel Olivenöl
1 rote oder gelbe Zwiebel, fein gehackt
1 kleine Karotte, geschält und fein gewürfelt
2 Stangen Sellerie, in feine Würfel oder Scheiben geschnitten
2 Zehen Knoblauch, sehr fein gehackt
½ Teelöffel Salz
3–4 Teelöffel Kümmel, in der Gewürzmühle gemahlen
abgeriebene Schale und Saft von 2 Zitronen
frisch gemahlener schwarzer Pfeffer
Paprika
frische Petersilie oder Koriander, fein gehackt, zum Garnieren.

Erbsen, Wasser und Lorbeerblatt zum Kochen bringen. Etwa 45 Minuten köcheln lassen, bis die Erbsen ganz weich sind.

Durch ein Sieb oder einen Durchschlag passieren und das Püree in den Topf zurückgeben.

Butter und Olivenöl bei mäßiger Hitze in einer Frittierpfanne zerlassen.

Zwiebeln hineingeben und weich dünsten. Karotte, Sellerie, Knoblauch, Salz und gemahlenen Kümmel hinzufügen und 10 Minuten weiterdünsten.

Gemüse zu den Erbsen geben und köcheln, bis es weich ist. (Pfanne mit ein wenig Wasser ausspülen und in die Suppe gießen.) Zitronenschale und Saft je nach Geschmack hinzufügen.

Mit Salz und Kümmel abschmecken und je nach Belieben mehr davon hinzufügen.

Zuletzt den schwarzen Pfeffer hineingeben und mit Paprika und frischen Kräutern verziert anrichten.

Versuchen Sie das mal mit Maisbrot und frischem Sprossensalat.

Fruchtkaltschale

Das ist eines der gefragtesten Gerichte der Gästesaison. In dem heißen, trockenen Tassajara Tal ist kalte Fruchtsuppe mittags köstlich erfrischend und immer ein Genuß. Eine Vielfalt an Obstsäften und pürierten Früchten bildet die Grundlage; dazu Obst, das an der Oberfläche auftaucht und schwimmt. Einfach . . . und mit endlosen Möglichkeiten. So experimentieren Sie mit allem, was die Jahreszeit zu bieten hat.

Zutaten für etwa 8 Tassen:

Suppe:

1 Tasse Preiselbeersaft
1 Tasse Apfelsaft
½ Tasse Orangensaft
½ Tasse grobgeschnittene, entkernte Wassermelone, im Mixer püriert
½ Tasse pürierte Erdbeeren
½ Tasse grobgeschnittene, pürierte Pfirsiche
1 Tasse pürierte Bananen
⅜ Tasse Zitronen- oder Limonensaft

Nach Belieben:

¼–½ Tasse Weiß- oder Rotwein, Sake oder Sekt
frische Minzblätter, mit dem Obst püriert
¼ Teelöffel Zimt
⅛ Teelöffel Kardamon

Geschnittene Früchte:

½ Tasse halbierte Erdbeeren
½ Tasse Wassermelonenstückchen
½ Tasse entkernte Trauben
½ Tasse halbierte Pfirsichscheiben
½ Tasse Ananasstückchen
½ Tasse Honigmelonenstückchen oder Bällchen

Zutaten für die Suppe zusammengeben, wobei Sie nach Belieben und Geschmack die anderen Zutaten daruntermischen können. Fangen Sie, wenn möglich, früh an, da das Aroma besser wird, wenn das ‹Gebräu› sich setzt.

Geschnittene Früchte hineingeben.

Bleibt etwas übrig, nachdem Sie die Melonenbällchen gemacht haben, so kann dies ebenfalls püriert werden.

Joghurtsuppe mit Gartenkräutern und Blumen

Diese Sommersuppe ist herrlich, erfrischend kühl und knackig. Ihr Kräutergarten kommt hier voll zur Geltung, und Sie lernen es jetzt richtig schätzen, daß Sie sich so angestrengt haben, ihn zu pflegen. Nun können Sie sich erholen und seine reiche Fülle mit etwas frisch gebackenem Brot und einem Chinakohl-Salat mit Apfelsinen und Tahin-Sauce genießen.

Zutaten für 4–6 Personen:

2 Tassen Joghurt
1 Tasse Milch
1 Tasse Buttermilch oder Sahne
1½ Eßlöffel Olivenöl
1 Teelöffel Salz
1 Teelöffel Weißweinessig
Zucker (oder Honig)
1 Gurke, geschält, entkernt und geraspelt oder in kleine Würfel geschnitten
2½ Eßlöffel gehackte Essiggurken
¼ Tasse Schnittlauch, klein geschnitten (etwas zum Garnieren zurückbehalten)
½ Tasse oder mehr Kräuter – Majoran, Basilikum, Thymian, Ysop, Bohnenkraut – aus dem Garten, sehr fein gehackt
1 Eßlöffel Minze, sehr fein gehackt
frisch gemahlener schwarzer Pfeffer
Blüten von Gartenkräutern – Schnittlauch, Thymian oder Ysopblüten – zum Verzieren

In einer Schüssel Joghurt schön glatt schlagen. Milch und Buttermilch (oder Sahne), Olivenöl, Salz und Essig dazugeben und gut verrühren.

Abschmecken und Zucker oder Honig hineingeben, wenn es zu herb ist. (Aber machen Sie keinen Nachtisch daraus.)

Gurke, Essiggurken, Schnittlauch, gemischte Kräuter und Minze hinzufügen und mindestens eine Stunde kühl stellen, damit das Aroma reifen kann.

Pfeffer, Schnittlauch und die winzigen Kräuterblüten darüber verstreuen und anrichten.

Soja-Gemüsesuppe

Hier ist ein Rezept für eine Cremesuppe, die mit Sojamilch anstatt mit Kuhmilch hergestellt wird. Das Aroma ist zarter und leichter als bei gewöhnlichen Cremesuppen, und trotzdem ist sie nahrhaft und gut. Wir kochen diese Suppe weniger im Sommer, aber dagegen um so häufiger während der Wintermonate.

Zutaten für gut 1½ Liter:

2 mittelgroße Karotten, gerieben oder geraspelt
3 Stangen Sellerie, in dünne Scheiben geschnitten
Öl zum Sautieren
3 Eßlöffel Sojaöl
¼ Tasse Vollweizenmehl
7 Tassen Sojamilch, heiß, aber nicht kochend
2 Teelöffel Sojasauce
Salz und Pfeffer
grüne Zwiebeln oder Schnittlauch zum Garnieren

Gemüse sautieren, bis es weich ist.

Sojaöl in einem kleinen Topf erhitzen, Mehl für eine Einbrenne zugeben, 4–5 Minuten kochen, bis das Mehl braun wird und einen nußartigen Geschmack annimmt. Mit der Sojamilch ablöschen. Temperatur auf ganz niedrig stellen; die Suppe darf jetzt nicht mehr kochen.

Sautiertes Gemüse und Sojasauce dazugeben. Nicht mehr als zwei Teelöffel Sojasauce, da sonst die Suppe gerinnt. Mit Salz und Pfeffer würzen.

In Scheiben geschnittene grüne Zwiebeln oder Schnittlauch eignen sich vorzüglich zum Garnieren.

Eine schnelle, einfache, sättigende Suppe – guten Appetit!

Cashewsuppe

Wenn Leute aufhören, Fleisch zu essen, verfallen sie manchmal auf ganz ungewöhnliche Zusammenstellungen. Hier ist ein solches Gebräu – eine Suppe, die sehr reichhaltig ist (durch das Öl) und auch nicht gerade billig (obwohl Fleisch auch teuer sein kann). Sie ist nicht jedermanns Geschmack, aber wem sie schmeckt, der liebt sie. An kalten Wintermorgen gehört sie immer wieder zu unserem Frühstück.

Zutaten für 4–6 Personen:

3½ Tassen Cashewnüsse
1 kleine Zehe Knoblauch, sehr fein gehackt
Sesamöl oder anderes Öl zum Sautieren
1 Tasse Milch
4–5 Tassen kochendes Wasser
1 Eßlöffel Sojasauce
Salz nach Geschmack
1 Prise Kardamon
1 Prise Cayenne-Pfeffer

Nüsse in einer Pfanne bei mäßiger Hitze rösten, bis ihr Duft die Küche erfüllt, dabei rühren, damit sie nicht anbrennen. Mit einer Handmühle oder im Mixer ganz fein mahlen.

Knoblauch in Sesamöl sautieren, dann das Nußmehl dazugeben und bei mäßiger Hitze 5 Minuten weitersautieren.

Milch und Wasser mischen und nach und nach das Nußmehl damit ablöschen, dabei gut rühren, damit es keine Klümpchen gibt.

Bei mäßiger Hitze köcheln lassen und die Gewürze hineingeben. Sojasauce vor dem Salz, damit Sie die Suppe nicht versalzen.

Wenn Sie und Ihre Freunde Koriander mögen, verzieren Sie jeden Teller mit einem kleinen Stengel.

Brühe für asiatische Gerichte

Diese Brühe kann man für ostasiatische Suppen und sautiertes Gemüse verwenden. Wir nehmen sie für Tofu-Miso-Eintopf (S. 153). Die eine oder andere Sorte getrockneter Pilze bekommen Sie eigentlich immer in größeren Supermärkten. Sie sind auch in chinesischen oder italienischen Lebensmittelläden erhältlich. Kombu ist eine Art getrockneter Seetang, den Sie in Naturkostläden kaufen können.

Zutaten für 3 Tassen:

2 geschälte Karotten
1 Sellerierippe
1 Mangoldblatt mit Stil oder mehrere Salatblätter
3 grüne Zwiebeln
3–4 getrocknete Morcheln oder 15 g andere getrocknete Pilze
1 Stück Kombu (15 cm), wenn vorhanden
1 Stück Klettenwurzel, wenn vorhanden
1 kleine Handvoll Linsensprossen oder eine große Handvoll Bohnen- oder Sojabohnensprossen
4½ Tassen Wasser
1 Teelöffel dunkles Sesamöl
1 Teelöffel Tamari
Salz

Gemüse putzen und in Stücke schneiden.

Alle Zutaten außer dem Salz in einen großen Topf geben, aufkochen und 25 Minuten köcheln lassen. (Schön, aber was ist, wenn Sie keine getrockneten Pilze bekommen können? Lassen Sie sie weg und kochen weiter. Verwenden Sie frische Pilze; diese ergeben auch etwas Aroma, obwohl das von getrockneten intensiver ist.)

Pilze herausnehmen und zu weiterer Verwendung beiseite stellen. Brühe durchsieben und so lange kochen, bis sie auf drei Tassen eingekocht ist.

Abschmecken und gegebenenfalls nachsalzen.

Variante für nicht-asiatische Gerichte: Lassen Sie Klettenwurzel, Sesam und Tamari weg (Pilze, Kombu und Sprossen sind auch nicht unbedingt nötig, wenn Sie sie nicht bekommen können).

Eine kleine Zwiebel, ein Lorbeerblatt, 2 Knoblauchzehen, 1 Prise Thymian und ein wenig schwarzen Pfeffer hinzufügen.

Pilzbrühe

Diese wohlschmeckende Brühe kann man sehr vorteilhaft für jede Suppe oder Sauce verwenden. Je mehr Pilze, desto stärker der Pilzgeschmack. Getrocknete Pilze ergeben ein reiches, waldiges Aroma. Pilzbrühe läßt sich gut einfrieren; machen Sie also viel und bewahren etwas davon auf.

Zutaten für 2 Liter:

2 Eßlöffel Öl
115–230 g grobgehackte frische Pilze
1 Zwiebel, in Ringe geschnitten
1 mittelgroße grobgehackte Kartoffel, gewaschen, aber ungeschält
1 Karotte, geschält und in Scheiben geschnitten
4–5 Zehen Knoblauch, grobgehackt
1 Lorbeerblatt
½ Teelöffel getrockneter Thymian
1 Prise getrocknetes Bohnenkraut
1 Eßlöffel Hefeextrakt
2½ l Wasser
2 Eßlöffel Tamari-Sojasauce
10 Pfefferkörner
14 g getrocknete Pilze
Salz nach Geschmack

Öl in einem Suppentopf erhitzen und Pilze, Zwiebeln, Kartoffeln, Karotten, Knoblauch und Gewürze hinzufügen.

Bei mittlerer Hitze 10 Minuten dünsten lassen, dabei häufig umrühren. Hefeextrakt dazugeben und 5 Minuten weiterdünsten. Dann Wasser, Tamari-Sauce, Pfefferkörner und getrocknete Pilze hineingeben.

Zum Kochen bringen und bei geringer Hitze 45 Minuten köcheln lassen, wonach die Flüssigkeit um ein Drittel eingekocht sein soll.

Gegen Ende der Kochzeit abschmecken und salzen. (Achtung: Salz wird konzentrierter, wenn die Flüssigkeit abnimmt.)

Brühe in ein mit einem Geschirrtuch ausgelegtes Sieb gießen, dabei das Gemüse vorsichtig drücken, so daß der Saft herausläuft. Gemüse wegwerfen.

Brühe im Kühlschrank aufbewahren oder einfrieren, bis sie gebraucht wird.

Salate und Salatsaucen

Hier haben wir, wenn ich das mal so sagen darf, eine der großen Freuden des Lebens – große Freude deswegen, weil Salat uns bieten kann, was vollkommen reif und wohlschmeckend ist: das Beste vom Feld wird in seiner Blüte auf den Tisch gebracht.

Besonders in der Sommerhitze ist Salat ein wesentlicher Bestandteil unserer Mittag- und Abendessen. Dieses Kapitel enthält eine Vielfalt an Salaten, die wir alle zusätzlich zum täglichen Repertoire an Grünzeug aus dem Garten servieren, entweder ‹unverschönt› oder mit irgendeiner Mischung aus Tomaten, Avocados, Oliven, geriebenem Käse und Croutons.

Es gibt zwei grüne Salate, zwei Chinakohl-Salate (ein Kohl, der sich besonders gut dafür eignet, weil er zarter und saftiger ist als seine vielfältigen Artgenossen), zwei Salate, die sich als Hauptgerichte anbieten, und drei eher ungewöhnliche Salate, wobei die Avocados mit der Sauce aus gegrillten roten Paprika besonders reizvoll sind. Zwei einfache Marinaden und ein paar Salatsaucen runden diesen Teil ab.

Ich muß allerdings gestehen, daß das schönste Salatrezept fehlt: Durch den Garten gehen, gleich hinter dem Haus, alle Rezepte vergessen und der eigenen Nase folgen.

Im Garten ‹schmökern›

Habe ich doch gerade ein Salatblatt gepflückt, nicht kalt
und fest, sondern pulsierend warm
voll bitterem Erdsaft,
eine knittrige Landschaft, grün und lila,
glänzend im Sonnenlicht.

Im Dunklen berührt dieses samtige
Fleisch meine Zähne,
Zunge, Wange
so unendlich vertraut:
weiches dauerndes Kauen macht Salat sprachlos.
Unsere Säfte mischen sich,
fließen eins geworden die unsichtbaren
Pfade, erscheinen als Berge
oder als jemand, im Begriff einen Teller zu waschen.

Gemischter grüner Salat mit Grapefruit, Avocado und Limonen-Kümmel-Vinaigrette

Inspiriert durch ein Rezept aus Nordafrika, ist dieser wunderschöne und erfrischende Salat eine sehr willkommene Ergänzung zu nahrhaften Gerichten. Alles kann Stunden vorher zubereitet werden, zum Schluß brauchen Sie nur noch die Avocados zu schneiden und den Salat zu wenden.

Zutaten für 4 Personen:

Für den Salat:

5 große Hände voll Salat: Lattich, Kopfsalat, Spinat, Eichenblatt oder Radicchio
2 rote Grapefruit
1–2 Avocados

Für die Vinaigrette:

abgeriebene Schale von 4 Limonen oder Zitronen
3 Eßlöffel Limonen- oder Zitronensaft
1 Teelöffel Salz
je ½ Teelöffel Kümmel- und Koriandersamen, in der Gewürzmühle gemahlen
½ Teelöffel Paprika
½ Teelöffel Senfpulver
1 Prise Chilipulver
1 Knoblauchzehe, sehr fein gehackt oder zu Paste gepreßt
⅓–½ Tasse Olivenöl
1–2 Eßlöffel grobgehackter Koriander
2 gehackte grüne Zwiebeln, das Weiße und das Grüne

Salat waschen, gut trocknen und in mundgerechte Stücke reißen.

Grapefruit teilen, dabei Haut und Kerne entfernen.

Für die Vinaigrette Limonenschale, Saft, Salz, Gewürze und Knoblauch mischen und verrühren, damit sich das Salz auflöst.

Olivenöl nach Geschmack zugeben (ein Salatblatt eintauchen und probieren), gehackte Zwiebeln und Koriander hinzufügen.

Leicht schlagen.

Kurz vor dem Anrichten die Avocados in Scheiben schneiden.

Nun können Sie den Salat auf zwei Arten mischen:

Erstens: Sauce mit Avocados und Grapefruitstückchen in eine große Salatschüssel geben und den Salat darin wenden.

Zweitens: Avocados und Grapefruit mit Sauce übergießen und den Rest abschütten. Dann den Salat mit so viel Sahne übergießen, daß die Blätter naß, aber nicht tropfnaß sind. Zuletzt garnieren Sie den Salat mit den angemachten Avocados und der Grapefruit.

Spinatsalat mit Feta, roten Zwiebeln und Oliven

Diese scharfe, ‹dramatisch› aussehende Variante eines griechischen Salates ist gut zu Joghurtsuppe (S. 76) oder zu Moussaka (S. 174). Kühne Aromen!

Zutaten für 4–6 Personen:

Für den Salat:

1 Strauß frischer Spinatblätter
60–90 g Feta- oder Ziegenkäse
¼ Tasse (oder mehr) eingelegte rote Zwiebeln (S. 96)
12 schwarze Oliven (oder mehr, wenn sie klein sind)
½ Teelöffel frische, sehr fein gehackte Minze

Für die Vinaigrette:

Zitronenschale, in 5 cm breite Streifen geschnitten
1–2 Eßlöffel Zitronensaft
frisch gemahlener schwarzer Pfeffer
Knoblauchzehe, gepreßt oder sehr fein gehackt
6 Eßlöffel fruchtiges Olivenöl

Stiele vom Spinat entfernen und die Blätter mindestens zweimal mit viel Wasser gut spülen, so daß sie völlig sand- und erdfrei sind.

Gründlich trocknen, schneiden und in eine Salatschüssel geben.

Zwiebeln in 2,5 cm große Stücke schneiden (oder wie gewünscht).

Käse darüberstreuen.

Olivenkerne entfernen, indem Sie mit dem Handballen fest drükken und dann die gelösten Kerne herausnehmen. Grob hacken und zusammen mit der Minze darüberstreuen.

Für die Vinaigrette die Streifen Zitronenschale in sehr feine Scheibchen schneiden und mit Saft, Pfeffer und Knoblauch in einer kleinen Schüssel verquirlen.

Olivenöl hineinschlagen und mit einem Spinatblatt abschmecken. Gegebenenfalls nachwürzen, aber kein Salz hineingeben, da die Oliven und der Fetakäse salzig sind.

Vinaigrette über den Salat gießen und anmachen.

Würziger Reissalat

Viele kleine Leckerbissen sind in diesen Salat hineingepurzelt und machen ihn so fein: Krümchen und Kräutchen, Stückchen und Scheibchen von Farbe und Struktur, alle auf weißem Hintergrund. Eine würzige Sauce unterstreicht das Ganze. Bitte achten Sie darauf, daß die Zwiebel- und Paprikastückchen klein genug sind, damit ihr Geschmack nicht stört und überwiegt. Nehmen Sie sich Zeit, die Zutaten sorgsam und schön zu schneiden, und Ihr Salat wird ein besonderer Hochgenuß.

Zutaten für 6–7 Portionen:

Für den Salat:

½ Tasse Rosinen
½ Tasse getrocknete Aprikosen
½ Tasse Mandeln oder Erdnüsse
1 Stange Sellerie, dünn geschnitten
1 mittelgroße rote Zwiebel, fein gewürfelt
1 rote Paprika oder ½ grüne und ½ rote Paprika, fein gewürfelt oder geschnitten
Saft und abgeriebene Schale von 2 Zitronen
2 Tassen weißer Reis (Lang- oder Rundkorn)
1 Avocado, in etwa 1 cm dicke Stücke geschnitten

Für die Sauce:

2 Zehen Knoblauch
½ Teelöffel Salz
½ Teelöffel Kümmel (ganz oder gemahlen)
2 Eßlöffel Sherry-Essig
6–7 Eßlöffel leichtes Olivenöl
schwarzer Pfeffer, frisch gemahlen
½ Bund Koriander, etwas zum Garnieren zurückbehalten, den Rest gehackt

Backofen auf 160 °C vorheizen.

Aprikosen und Rosinen in getrennte Schüsseln geben und mit kochendem Wasser überbrühen. Eine halbe Stunde einweichen, dann abtropfen lassen. Die Aprikosen kreuzartig in Streifen oder Splitter schneiden.

Die Nüsse im vorgeheizten Backofen unter gelegentlichem Wenden goldbraun rösten (Mandeln etwa zehn, Erdnüsse fünf Minuten). Mandeln grob zerhacken, beiseite stellen.

Sellerie, Zwiebeln und Paprika mit Zitronensaft und Schale vermischen. Das fertige Dörrobst hinzufügen. Beiseite stellen, damit sich die Aromen miteinander bekannt machen können, während der Reis kocht und die Sauce zubereitet wird.

Die Sauce zubereiten, damit sie fertig ist, wenn der Reis gar ist. Knoblauch mit Salz und Kümmel (ganz oder gemahlen) in einem Mörser zerstampfen (oder Knoblauch pressen und mit Salz und Kümmel verrühren). Gut mit Essig vermischen und langsam unter das Öl schlagen, so daß eine Vinaigrette entsteht. Salzen und nach Belieben würzen (mit etwas mehr Öl oder Essig). Schwarzen Pfeffer und feingehackten Koriander hinzufügen.

Reis etwa 15 Minuten in 3 Liter leicht gesalzenem Wasser kochen, wie Nudeln. Ist er gar, aber noch leicht klebrig, in einem sauberen Geschirrtuch durch ein feines Sieb oder einen Durchschlag abtropfen lassen. Kurz mit warmem Wasser überspülen, soviel wie möglich Wasser abschütteln und noch warm gründlich mit der Sauce vermischen.

Reis 5–10 Minuten in der Sauce ziehen lassen, dann das Gemüse und das Obst daruntermischen. Kurz vor dem Anrichten Avocado, Nüsse und gehackten Koriander dazugeben. (Koriandersamen ist ein guter Ersatz für frischen Koriander. ½ Teelöffel mit dem Knoblauch zerstampfen, während man die Sauce vorbereitet.)

Mit Salz und Pfeffer abschmecken. Oder fallen Ihnen in letzter Minute noch andere, zusätzliche Effekte ein? Auf Salatblättern anrichten (grüne oder vielleicht rote Blätter?). Wenn es die Gelegenheit erlaubt, können Sie den Reis auch in die Salatblätter wickeln und mit den Fingern essen.

Weiße-Bohnen-Salat

Weißen Bohnen ist es noch nie so gut ergangen. Dieser herzhafte bunte Salat kann als Hauptgericht gegessen werden; er eignet sich aber auch vorzüglich für ein Picknick. Da der Salat besonders aromatisch schmeckt, solange er noch warm und frisch angemacht ist, kann man ihn entweder sofort servieren oder, wenn es sehr heiß draußen ist, ihn erst abkühlen lassen. Die lange Liste von Zutaten sollte Sie nicht abschrecken. Man braucht ja nicht unbedingt jede Kleinigkeit, und vielleicht haben Sie auch Ihre eigenen Vorstellungen von dem, was Sie gerne hineintun würden: Zucchini, Erbsen, Kartoffeln – sehen Sie sich um und schauen Sie, was Sie da haben.

Zutaten für 4–6 Personen:

Für den Salat:

1½ Tassen weiße Bohnen, gereinigt und verlesen
mehrere Salbeiblätter
1 Lorbeerblatt
3 Zehen Knoblauch
2 grüne Paprika, in kleine Würfel oder Schnitzel geschnitten
2–3 grüne Zwiebeln, grüne und weiße Teile, klein gehackt oder in dünne Scheiben geschnitten
¼ Tasse Petersilie, fein gehackt
2 Eßlöffel Kerbel
2 Eßlöffel Schnittlauch, in kleine Ringe geschnitten
je 1 Teelöffel frischer Thymian und Majoran, fein gehackt
¼ Tasse eingelegte rote Zwiebeln (S. 96), gewürfelt oder in kleine Scheiben geschnitten
6–8 schwarze Oliven, entkernt und klein gehackt
2 große reife Tomaten, entkernt, gewürfelt oder geschnitzelt
Schale von 1 Zitrone, fein gewürfelt
Salz und Pfeffer

Bohnen über Nacht einweichen und dann in 2 Liter Wasser mit Salbei, Lorbeerblatt und Knoblauch 1½ Stunden (15 Minuten im Dampftopf) köcheln lassen, bis sie weich und zart sind.

Während die Bohnen kochen, die übrigen Zutaten vorbereiten und die Vinaigrette herstellen. Wenn Sie nicht allzu beschäftigt sind mit wichtigeren Dingen, lassen Sie Farben, Düfte und

Aroma in Ihr Herz dringen und es so wieder seine ursprüngliche Frische und Kreativität erlangen.

Für die Vinaigrette:

2–3 Zehen Knoblauch
½ Teelöffel Salz
1½–2 Teelöffel Dijon-Senf
3 Eßlöffel starken Rotwein oder Sherry-Weinessig
⅔ Tasse Olivenöl

Salz und Knoblauch im Mörser zu einer Paste verarbeiten und mit Senf und Essig vermischen. Olivenöl darunterschlagen. Abschmecken und keine Angst, wenn die Sauce scharf ist – die Bohnen können es vertragen.

Die weichen Bohnen im Durchschlag abtropfen lassen, und sie dann, noch heiß, vorsichtig mit der Vinaigrette und den anderen Zutaten vermischen. Abschmecken und nach Belieben mit Salz, Pfeffer, zusätzlichen Kräutern – oder was immer Sie haben – würzen.

Chinakohl mit Apfelsinen und Tahin-Sauce

Chinakohl ist zart und mild im Geschmack, fast ein wenig paprikaartig und verträgt sich sehr gut mit Saucen. Man bekommt ihn jetzt in fast allen Supermärkten.

Zutaten für 4–6 Personen:

Für den Salat:

1 kleinen oder ½ großen Chinakohl
4–5 Apfelsinen

Kohl vierteln und kreuzweise in Streifen schneiden.

Damit das Orange der Apfelsinen voll zur Geltung kommt, auch die Haut sorgfältig abschälen. In Stücke oder runde Scheiben schneiden.

Ein paar Scheiben zum Verzieren zurückbehalten und den Rest der Apfelsinen unter den Kohl mischen.

Für die Sauce:

½ Eßlöffel Zitronen- oder Limonensaft
1 Eßlöffel Sojasauce
1 Eßlöffel Apfelmost- oder Obstessig
1 Prise Salz
1½ Eßlöffel Wasser
Pfeffer
1 Knoblauchzehe, gepreßt
1½ Eßlöffel dunkles Sesamöl
¼ Tasse Sesambutter oder Tahin (cremige Sesambutter)

Die ersten sieben Zutaten zusammen verrühren und beiseite stellen. Sesambutter mit Öl vermischen und unter die andere Mischung geben. Die Sauce soll ruhig dick sein, denn im Salat wird sie dünner.

Sauce mit Chinakohl und Apfelsinen vermischen und mit den Apfelsinenscheiben verzieren.

Chinakohl mit Knoblauchvinaigrette

Außer dem Chinakohl stammen alle anderen Zutaten für diesen Salat aus dem Westen. Noch mal, der Kohl verträgt sich sehr gut mit anderen Zutaten.

Zutaten für 4–6 Personen:

Für den Salat:

1 kleiner oder ½ großer Chinakohl
1–1½ Tassen Gruyere, gerieben, oder Emmentaler, Gouda, Edamer
½–¾ Tasse schwarze Oliven, geschnitten

Für die Sauce:

2 Eßlöffel Essig
¼ Teelöffel Salz
2–3 Zehen Knoblauch, gepreßt
⅝ Tasse Olivenöl

Kohl vierteln und kreuzweise in dünne Streifen schneiden.

Mit dem geriebenen Käse und den Oliven mischen.

Für die Sauce Essig mit Knoblauch und Salz vermengen und nach und nach das Olivenöl darunterschlagen.

Salat mit der Sauce anmachen. Mit Salz abschmecken.

Karotten- und Ingwersalat mit Rosinen und saurer Sahne

Verwenden Sie Karotten mit süßem, vollem Geschmack, die noch nicht zu holzig sind. Diese beiden Wurzeln, Karotte und Ingwer, vertragen sich gut, und ihre natürliche Süße wird durch die Rosinen noch verstärkt.

Zutaten für 4–6 Personen:

1 Tasse goldene Rosinen
1–2 Teelöffel geschälte, feingeriebene Ingwerwurzel (oder Pulver, wenn nicht frisch vorhanden)
½ Tasse saure Sahne
geriebene Schale von 1 Zitrone
1 Teelöffel Zitronensaft
Salz
4 Tassen geschälte, geriebene Karotten

Rosinen mit heißem Wasser abbrühen und 20 Minuten stehen lassen, bis sie aufgehen, dann abtropfen.

Ingwer mit saurer Sahne, Zitronenschale und dem Saft vermischen, dann mit Salz abschmecken.

Karotten, Rosinen und Sauce vermischen.

Gewürze abschmecken. Die Rosinen sollten den Salat ausreichend süß machen, sonst fügen Sie ein wenig Honig oder Zucker hinzu.

Variationen: Sie können auch Apfelsinenschale und -saft verwenden. Wenn Sie Joghurt statt saurer Sahne nehmen, brauchen Sie etwas Honig.

Mit grünen Zwiebeln garnieren.

Avocadosalat mit Sauce aus gegrillten Paprika

Bunt und hübsch, hat dieser Salat das süße, etwas rauchige Aroma der gegrillten Paprikas.

Zutaten für 4 Personen:

1 große rote Paprika
1 mittelgroße Knoblauchzehe
1 Eßlöffel fruchtiges Olivenöl
1 Teelöffel Sherry-Essig
Salz und frisch gemahlener Pfeffer
2 Avocados (Raumtemperatur)
kleine schwarze Oliven zum Garnieren

Die Paprika ganz über einer offenen Flamme rösten, bis sie auf allen Seiten schwarz ist.

Einige Minuten in ein geschlossenes Gefäß legen, damit sie räuchern kann. Dann schälen (Wasser – entweder in einer Schüssel oder fließend – erleichtert das Schälen). Kerne und Rippen entfernen.

Paprika abspülen und trocknen.

Paprika und Knoblauch grob hacken. Beides in einem Mörser kräftig zerstoßen, bis Sie eine grobkörnige Sauce haben. (Eine große Prise körnigen Meersalzes beschleunigt diesen Vorgang.) Vielleicht benutzen Sie lieber einen Mixer?

Olivenöl und Essig darunterschlagen, mit Salz und Pfeffer abschmecken.

Avocados schneiden und gleich auf Teller verteilen.

Sauce darüberlöffeln und mit schwarzen Oliven garnieren.

Ananas-Jicama-(Apfel-)Salat mit Avocados, Chilis und Limonen

Dies ist ein pfiffiger, erfrischender Salat für heißes Wetter. Er kann so sein, daß Ihnen der Mund brennt und die Augen tränen, oder mild und angenehm, je nach Verfügbarkeit der Zutaten und Ihrer Vorliebe für Chilis. Ananas kennen Sie, Jicama vielleicht nicht – es ist ein köstliches knackiges Gemüse aus Mexiko. (Lassen Sie es weg, wenn Sie es nicht bekommen können, und nehmen Sie statt dessen einen Apfel.)

Zutaten für 4 Personen:

Für den Salat:

3 große Blätter Lattich, in Streifen geschnitten, oder nur die ganz kleinen Blätter
½ rote Paprika, in dünne Streifen geschnitten
¼ Tasse eingelegte rote Zwiebeln (S. 96) oder ¼ rote Zwiebel, kreuzweise in dünne Bögen geschnitten
Korianderblätter
1 kleine Ananas (etwa 2 Tassen), in mundgerechte Stücke geschnitten
1 Tasse Jicama, klein geschnitzelt, oder 1 Apfel, geschnitzelt
1 milde Chili, in dünne Ringe geschnitten, oder 1 grüne Paprika
12 süße Tomaten
feingewürfelte, frische, scharfe Chili (nach Belieben)
1–2 Avocados, in Stücke geschnitten

Für die Sauce:

Saft und abgeriebene Schale von 2 Limonen oder Zitronen
2 Teelöffel Sherry- oder Balsam-Essig
2–4 Eßlöffel gehackter Koriander
½ Teelöffel Salz
¼ Tasse Olivenöl
¼–½ Tasse Sauerrahm

Salatblätter, ein paar Paprikastreifen, Zwiebeln und Korianderblätter zum Garnieren beiseite legen.

Alle übrigen Zutaten, die Avocados ausgenommen, in eine große Schüssel geben.

Für die Sauce Limonensaft, Schale, Essig, Koriander und Salz vermischen.

Olivenöl und Sauerrahm darunterschlagen. Abschmecken.

Sauce zum Salat geben und mit einem großen Gummispatel oder mit den Händen vorsichtig vermengen. Dann die Avocadostücke darunterheben.

Den Salat auf eine Platte häufen, mit den zurückbehaltenen Salatblättern umrahmen und mit dem restlichen Gemüse und dem Koriander garnieren.

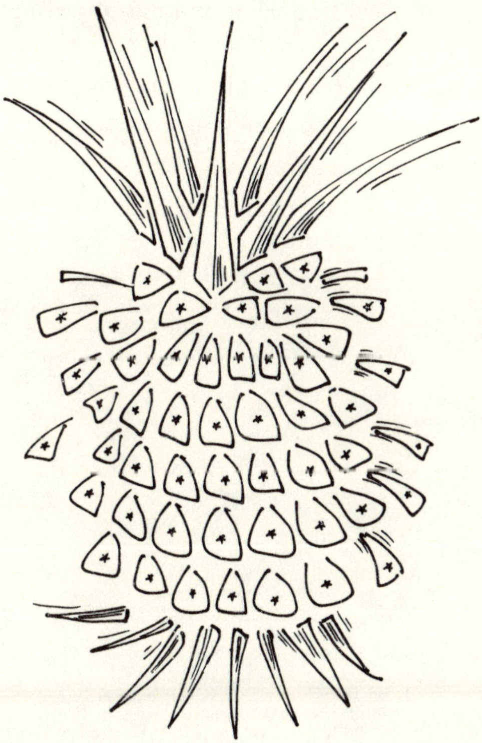

Eingelegte rote Zwiebeln

Ein einfaches und gutes Rezept, um Zwiebeln für Salat zuzubereiten.

rote Zwiebeln
kochendes Wasser
Apfelmostessig

Die Zwiebeln dünn schneiden.

In einen Durchschlag geben und kochendes Wasser darübergießen.

Zwiebeln in eine Schüssel legen und mit ausreichend Essig bedecken.

Einige Stunden oder über Nacht marinieren lassen.

Übrigen Essig vor dem Servieren abtropfen lassen.

Im Kühlschrank aufbewahren.

Kräuter wie Oregano, Thymian, Rosmarin kann man auch noch hineingeben. Folgen Sie Ihrer Nase.

Mama Sawyers Gurkenchutney

Michael und Ken sind damit großgezogen worden, deshalb haben sie das Rezept unseren Köchen weitergegeben, als sie nach Tassajara kamen. Wir haben es zu jedermanns geschmacklicher Freude zubereitet und fanden es besonders köstlich auf Käsebroten, geschmolzen und ungeschmolzen. Das Rezept ergibt riesige Mengen, aber es läßt sich gut im Kühlschrank aufheben.

9 große Gurken, mittelfein gehackt
4 große Zwiebeln, mittelfein gehackt
Salz
3 Tassen Essig
3 Tassen Zucker
½ Tasse Mehl
1 Eßlöffel Selleriekörner
1 Eßlöffel Senfkörner
½ Teelöffel Tumeric

Gurken und Zwiebeln mit Salz bestreuen und über Nacht stehen lassen. Überschüssigen Saft abgießen.

Die übrigen Zutaten mit den Gurken in einen Topf geben, aufkochen und 5 Minuten köcheln lassen.

Unsere Salatsaucen: Thema mit Variationen

Salatsaucen gehören zu diesen geheimnisvollen alchimistischen Mixturen, die himmlisch und verlockend oder entsetzlich sein können. Sie sind nicht nur eine Frage des Geschmacks, sondern auch des Lebensstils. Beim Zubereiten der Salatsauce nimmt man viele Rituale auf sich: z. B. die Schüssel mit Knoblauch einreiben; erst mit Öl anmachen, dann mit Essig; oder alles in den Mixer und dann ‹zack›! Je einfacher das Rezept – und dieses hier ist ganz einfach –, desto mehr kommt es auf die Qualität der Zutaten an: ein milder feiner Sherry-Essig; ein duftendes fruchtiges Olivenöl, um nur zwei davon zu nennen.

Salatsauce reift mit Erfahrung. Sie kann sich entwickeln, verändern oder die einzige Konstante bleiben in einem wechselvollen Leben. Kompliziert, kunstvoll, lang vorbereitet oder ‹zusammengehauen› – wenn Sie etwas über Menschen wissen wollen, schauen Sie ihre Salatsauce an, und wie sie sie zubereiten. Aber jetzt richten Sie Ihre Aufmerksamkeit auf unsere, und wie wir sie zubereiten.

Thema

1 kleine Knoblauchzehe
¾–1 Teelöffel Salz
2 Eßlöffel Sherry-Essig
¾ Tasse gutes, fruchtiges Olivenöl (wenn es wie Rizinusöl schmeckt, ist es ranzig)
schwarzer Pfeffer, frisch gemahlen

Knoblauch in einer Presse zerkleinern oder in einem Mörser zerstoßen. Lassen Sie Knoblauch, Salz und Essig in einer Schüssel mindestens 15 Minuten ziehen, so daß sie sich aneinander gewöhnen.

Langsam das Olivenöl darunterschlagen. Sehr gut vermischen.

Salat so anmachen, daß er naß, aber nicht tropfnaß ist. Haben Sie die Pfeffermühle griffbereit für die, die das mögen.

Variationen

Für eine Kräutervinaigrette: Kurz vor dem Anrichten frische gehackte Kräuter dazugeben. (Dann sehen sie frisch und nicht grau und schleimig aus.)

Für eine Senfvinaigrette: ½ Eßlöffel Senf oder mehr zum Grundrezept geben.

Für eine Zitronen- oder Limonenvinaigrette: Nehmen Sie Zitronen- oder Limonensaft anstelle eines Teils oder des ganzen Essigs.

Für eine Sauerrahmvinaigrette: Nehmen Sie Sauerrahm statt eines Teils des Öls.

Für eine Knoblauchvinaigrette: Eine oder zwei Knoblauchzehen mehr hineingeben.

Für eine Knoblauch-Senfvinaigrette: Eine zusätzliche Knoblauchzehe zur Senfvinaigrette geben. Diese erstaunlich geschmackvolle Sauce ist besonders köstlich zu kalten Gemüsesalaten (z. B. blanchierten Karotten, Erbsen, gelbem Kürbis oder Tomaten).

Um diesen Salat aus kalten Gemüsen zu bereiten, erst das Gemüse blanchieren, dann die Sauce mit dem Gemüse mischen, solange es noch heiß und leicht knackig ist. Decken Sie anschließend die Schüssel zu und lassen den Salat abkühlen. Vielleicht muß man das Gemüse vor dem Anrichten abtropfen lassen.

Oder vergessen Sie die Rezepte, und machen Sie es auf Ihre Art, wobei Sie sich an das Ritual halten, das Sie kennen.

Avocado-Joghurt-Sauce

Probieren Sie dieses Rezept mit geschnittenen Gurken, Tomaten und dünnen Paprikastreifen.

1 große reife Avocado
1 Tasse Joghurt
1 Prise Salz
1 Eßlöffel Zitronensaft
1 große Knoblauchzehe

Alle Zutaten glattrühren, abschmecken.

Tahin-Tamari-Sauce

Diese gute Salatsauce eignet sich ganz besonders gut für rohes Gemüse.

½ Tasse Tahin (Sesambutter)
½ Tasse Orangensaft
3 Zehen Knoblauch, gepreßt
Sojasauce zum Abschmecken

Alle Zutaten glattrühren und würzen.

Kann mit Wasser, Orangensaft oder Öl verdünnt werden.

Saucen und Brotaufstriche

Die folgenden Saucen sind alle sehr einfach zuzubereiten. Manche reichen wir regelmäßig zu bestimmten Gerichten: Zum Beispiel Nußhackbratensauce zu Käse-Nußhackbraten (S. 166), die Tartarsauce zu Tofu-Schnitzeln. Andere verwenden wir bei mehreren Gerichten: Die Gemüse-Béchamelsauce und die Spinat- oder Sauerampfersauce kochen wir für Gemüse, Hülsenfrüchte, Omelettes und Aufläufe.

Die Aufstriche sollen hauptsächlich belegte Brote interessanter schmecken lassen.

Wollen Sie's mal probieren?

Kein Mithalten mehr

Jetzt nehme ich mir die Zeit,
Kartoffeln zu schälen, Salat zu waschen
und Rüben zu kochen, Böden zu schrubben,
Spülbecken zu säubern, Abfall zu leeren.
In den Alltag versunken,
finde ich Zeit, mich zu lösen, zu lockern,
den ganzen Körper, Geist,
Atem, Denken und plötzliche Einfälle
aufzufordern mitzumachen, in der Arbeit zu schwelgen.

Keine Zeit geht mit Gedanken daran verloren,
daß es woanders besser ist.
Keine Zeit geht verloren mit der Vorstellung,
daß es woanders mehr gibt.
Unmöglich zu sagen, daß der Augenblick nicht mithalten kann.

Reich mir den Löffel:
Jetzt ist der Augenblick, wo ich probieren muß, wie's schmeckt.

Nußhackbratensauce

Wir reichen sie oft zu Käse-Nußhackbraten (S. 166), aber ihr süßlicher Nußgeschmack, der an Fleischsaucen erinnert, paßt auch sehr gut zu grünblättrigen Gemüsen wie Mangold, Grünkohl, Senfkraut oder Spinat. Wenn Ihnen Hefeextrakt nicht vertraut ist, nehmen Sie weniger als angegeben.

Zutaten für 2½–3 Tassen:

- 2–2½ Tassen Pilzbrühe, Gemüsebrühe oder Wasser
- 2–4 Eßlöffel Hefeextrakt
- ¼ Tasse ungebleichtes Weizenmehl
- 5 Eßlöffel leichtes Sesam- oder Olivenöl
- 1 Eßlöffel Butter
- 2 Eßlöffel Sojasauce
- 2 Teelöffel Dijon-Senf
- frisch gemahlener Pfeffer
- 1 große Knoblauchzehe, zu Paste gestoßen oder gepreßt
- ¼ Tasse Sherry

Brühe aufsetzen, so daß sie kocht, wenn sie gebraucht wird.

Hefeextrakt und Mehl in einem schweren Topf bei geringer bis mittlerer Hitze unter ständigem Rühren rösten, bis es duftet und leicht braun aussieht.

Öl und Butter hinzufügen und 5 Minuten kochen lassen.

Mit zwei Tassen der kochenden Brühe nach und nach ablöschen, dann bei geringer Hitze 20 Minuten köcheln lassen.

Sojasauce, Senf, Pfeffer, Knoblauch und Sherry hinzugeben. 5 Minuten weiterkochen lassen, wenn nötig, mit mehr Brühe verdünnen.

Abschmecken. Wenn Sie wünschen, andere Gewürze hineingeben.

Tartarsauce mit frischem Basilikum

Wir verwenden sie vorwiegend zu unserem brotartigen Tofu-Gericht, aber manchmal auch als Brotaufstrich. Genaue Mengen spielen bei diesem Rezept keine so große Rolle; es ist weitgehend eine Sache des Geschmacks, wieviel Sie von jeder Zutat nehmen wollen.

Zutaten für 2 Tassen:

1 Tasse Mayonnaise
1 Eßlöffel Dijon-Senf
2 Eßlöffel feingehackte rote Zwiebeln
2 Eßlöffel feingehackte Essiggurken (süß oder in Dill eingelegt)
2 Eßlöffel feingehackte grüne Oliven
2 Eßlöffel gehackte Kapern (nach Geschmack)
¼ Tasse frisches Basilikum, fein geschnitten und gehackt
Weinessig oder Zitronensaft

Zuerst Mayonnaise und Senf verquirlen. Gehackte und geschnittene Zutaten hinzufügen; verwenden Sie weniger von denen, die Ihnen nicht so geheuer sind. Lassen Sie die weg, die sie nicht haben.

Weinessig oder Zitronensaft nach Geschmack hineingeben – wahrscheinlich einen Teelöffel voll.

Senfsauce

Inspiriert von einem Buch über mittelalterliche Kochkunst, kann man diese Sauce für Gemüse- und Kartoffelsalate verwenden.

Dijon-Senf
brauner Zucker oder Honig
leichtes Olivenöl (nach Geschmack)

Senf mit braunem Zucker oder Honig abschmecken.

Ein wenig Olivenöl zugeben, um den Geschmack zu mildern.

Gekühlt servieren zu einer hübsch angerichteten Platte voll frischem Gemüse, z. B. blanchierten Karotten, Broccoli, Blumenkohl, neuen Kartoffeln, Zucchini, frischen Tomaten, Gurken und Paprika.

Gemüse-Béchamelsauce

Man kann die Béchamelsaucen – aus Butter, Mehl und Milch hergestellt – leicht würzen, indem man das Gemüse in der Milch kocht, bevor man sie in die Butter-Mehlschwitze gibt. Ja, eigentlich wird jedes Gericht, zu dem Sie Béchamelsauce reichen, dadurch aufgewertet. (Wir haben diese Idee von Richard Olney übernommen.) Hier folgt eine Aufstellung von Gemüsen, die Sie vielleicht dazu nehmen möchten. Diese Béchamelsauce mit Gemüsegeschmack paßt zu jedem Gemüse, zu Getreide, zu Aufläufen und eignet sich als einfache Sauce.

Gemüsesorten, wählen Sie:

Zutaten für 4 Tassen:

1 mittelgroße oder 2 kleine Zucchini, in mittelgroße Würfel geschnitten
eine große Handvoll Pilze, gesäubert und grob gehackt
3 oder 4 Knoblauchzehen, geschält
14 g getrocknete Pilze
1 mittelgroße Stange Lauch, gewaschen und grob gehackt
1 oder 2 Stangen Sellerie, in mittelgroße Würfel geschnitten
1 oder 2 Lorbeerblätter
1 mittelgroße gelbe Zwiebel, grob gehackt
4 Tassen Milch
3 Eßlöffel Butter
4 Eßlöffel Mehl
Salz

Wählen Sie das Gemüse, das Sie gerne mögen. Vorbereiten und 20–30 Minuten in der Milch köcheln lassen. Milch neigt dazu, beim Kochen anzubrennen, also aufpassen, daß sie nicht zu heiß wird.

Butter bei niedriger Temperatur in einem Topf zerlassen, Mehl hineinrühren und einige Minuten bräunen lassen, bis der rohe Geschmack des Mehls nicht mehr zum Vorschein kommt.

Milch durch ein Sieb gießen und das Gemüse herausnehmen.

Die Einbrenne langsam mit der Milch ablöschen, dabei mit einem flachen Kochlöffel kräftig umrühren. Wenn die Mischung anfängt einzudicken, nach und nach die restliche Milch dazugeben.

Mit Salz abschmecken.

Falls nötig, vor dem Anrichten aufwärmen und dabei kräftig rühren.

Wenn Sie die Sauce nicht sofort verwenden, halten Sie sie im Wasserbad warm. Oder lassen Sie sie abkühlen und wärmen sie später wieder auf, wobei Sie darauf achten müssen, daß sie nicht anbrennt.

Spinat- oder Sauerampfersauce

Diese grünen Béchamelsaucen eignen sich ausgezeichnet zu Gemüseaufläufen. Sie passen aber auch sehr gut zu gebackenen Eiern oder Omelettes (z. B. Pilz-Zwiebel-Omelette mit Sauerampfersauce).

4 Tassen Béchamelsauce
1 kg Spinat oder Sauerampfer
Salz

Machen Sie die Béchamelsauce nach dem Grundrezept, aber lassen Sie dabei das Gemüse weg.

Grünzeug in einen Kochtopf mit 1½ cm schwach gesalzenem Wasser geben.

Bei starker Hitze kochen, dabei häufig umrühren, bis das Gemüse ‹geschmolzen› ist. Abtropfen lassen und die Flüssigkeit für Suppe oder Brühe aufheben.

Gemüse durch ein Sieb streichen oder im Mixer pürieren. Das grüne Püree in die Béchamelsauce rühren.

Mit Salz abschmecken.

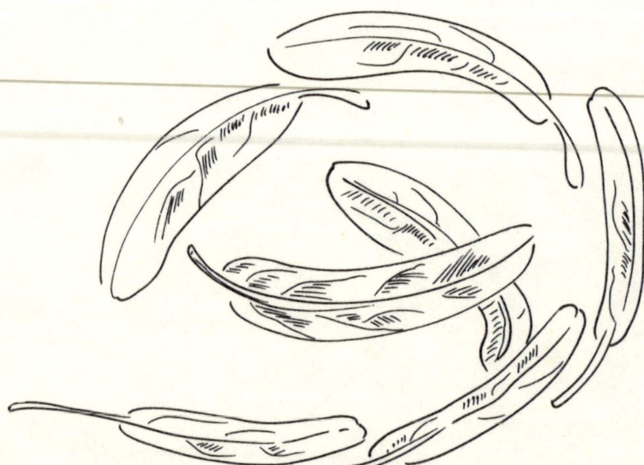

Frischkäse mit Kräutern

Man kann nur dazu sagen, Frischkäse mit Kräutern ist köstlich und vielseitig: Für Käsebrote, Chips und Gemüse-Dips und, durch eine Kuchenspritze gedrückt, sehr geeignet für dekorative Hors d'oeuvre auf kleinen viereckigen Brotscheibchen oder Cracks. Und außerdem ist das Rezept einfach.

2 Tassen Frischkäse (Quark)
½ Tasse Milch oder flüssige Sahne
2 Teelöffel feingehackte frische Kräuter

Damit Frischkäse schön glatt wird und sich leicht streichen läßt, machen Sie ihn mit angewärmter Milch oder Sahne an.

Die frischen Kräuter daruntermischen (Thymian, Majoran, Dill, Estragon – aus Ihrem Kräutergarten natürlich). Je nach Geschmack mehr oder weniger davon verwenden.

Joghurtkäse

Dieser frische, leicht herbe Käse ergibt einen kühlen, leichten Aufstrich für Crackers und Brot, besonders köstlich auf Pita-, Buchweizen- oder Roggenbrot. Joghurtkäse läßt sich auf die verschiedenste Weise würzen. Man kann ihn leicht herstellen, indem man dem Joghurt das Wasser entzieht. Je trockener er ist, desto härter wird der Käse.

1 Liter Joghurt ergibt 1½ Tassen Käse

1 l einfacher Joghurt
Salz
Kräuter (s. unten)

Ein Sieb mit einem doppelten Käsetuch (indisches Baumwolltuch, Geschirrtuch) auslegen, das Sie in kaltes Wasser getaucht haben. Joghurt hineingießen und das Tuch zusammenbinden, so daß es ein Säckchen ergibt.

Dieses zum Abtropfen an einen Löffel über eine tiefe Schüssel oder einen Topf hängen.

Erledigen Sie Ihre Wäsche oder eine Flickarbeit. Sehen Sie nach drei Stunden, ob der Joghurt die Konsistenz erreicht hat, die Sie haben wollen. Wenn nicht, weiter abtropfen lassen, bis es soweit ist. (Ich habe es auch mit einem Kaffeefilter versucht, aber das dauert länger.)

Joghurt aus dem Tuch nehmen und mit etwas Salz abschmecken. Wollen Sie frische Kräuter verwenden, geben Sie diese mindestens eine Stunde vor dem Essen hinein, damit das Aroma die Möglichkeit erhält, sich zu entfalten. Ruhig reichliche Mengen verwenden.

Kräutermöglichkeiten:

frischer Dill
Koriander und grüne Zwiebeln
Chilipulver
sonnengetrocknete Tomaten
Oliven
Knoblauch
Basilikum
Thymian, Majoran und Petersilie
Liebstöckel
glatte Petersilie und Schnittlauch

Mandelpaste

Diese schmackhafte, köstliche Nußpaste nimmt für sich den Ruhm in Anspruch, das vielleicht meistverlangte Gericht während der Gäste-Saison zu sein. Sie ist ein hervorragender Brotaufstrich, läßt sich aber auch großartig mit frischem Sellerie oder Fenchel oder als Aufstrich für Crackers servieren. Probieren Sie diese Paste auch einmal als Pilzfüllung oder als ‹Nußchutney› mit Getreide oder Gemüse.

Zutaten für 1 Tasse:

1 Tasse gehackte Zwiebeln
1 Eßlöffel Butter
½ Teelöffel frisch gemahlener Kümmel
½ Teelöffel Bohnenkraut
½ Teelöffel feine Kräuter
1 Tasse rohe Mandeln, ziemlich fein gemahlen
½ Tasse plus 2 Eßlöffel Semmelbrösel, im Ofen geröstet
2 Eßlöffel frisch gehackte Petersilie
1 Teelöffel Tamari
1 kleine feingehackte Knoblauchzehe
Salz und frisch gemahlener Pfeffer
2–4 Eßlöffel Mayonnaise oder Sauerrahm
Zitronenscheiben

Zwiebeln bei geringer Hitze mit Kümmel, Bohnenkraut und Kräutern weich dünsten.

Zwiebelmischung in eine Schüssel geben. Mit den Händen Mandeln, Semmelbrösel, Petersilie, Tamari und Knoblauch darunterkneten.

Mit Salz und Pfeffer abschmecken.

Nach und nach Mayonnaise dazugeben, bis die Mischung zusammenhält.

Einen Block formen oder in eine Schüssel drücken und mit über den Rand lappenden Zitronenscheiben garnieren.

Ein paar Beilagen, Getreide- und Bohnengerichte

Zum Abendessen reichen wir oft zusätzlich zu einer Hauptspeise und Salat ein Getreide- und ein Gemüsegericht. Doch weil ich so viele ‹Grundrezepte› bereits in meinem ‹Tassajara Kochbuch› (1973) beschrieben habe, sind hier nur einige wenige aufgenommen.

Neben den Rezepten – Pilaf, Kichererbsen-Eintopf, Gebackene Tomaten und Gebackene Zwiebeln (die beiden letzteren häufig und regelmäßig) –, die wir eigentlich für unsere Gäste vorbehalten haben, stehen in diesem Kapitel auch mehrere Rezepte, die seit langem zu den Lieblingsgerichten der Schüler zählen: Brauner Reis, Sojabohnen mit Sesam sowie Tofu und Kohl, gebraten.

Dazu gebe ich Ihnen zwei meiner eigenen fröhlichen Sommererfindungen aus Erbsen und Spinat. Probieren Sie sie aus, und lachen Sie nicht, bevor Sie sie gekostet haben.

Alltag

Um die wahre Natur zu verstehen,
studieren wir Körper und Geist der Wirklichkeit.
Willst du diesen Körper und Geist?
Dieses Korn, diese Bohnen?
Willst du dich mit diesem Körper und Geist
zufriedengeben?
Diesem Gemüse und Obst?
Diesem Körper!
Diesem Geist!
Körper und Geist der Wirklichkeit
sind nicht anders als
dieser Körper und Geist, hier und jetzt;
aber um das ganz zu erkennen,
müssen wir untersuchen, erforschen,
durch und durch verwirklichen.

Was wir wirklich wollen,
wartet im ganz Alltäglichen.

Richtig gekochter brauner Reis

Also dann, all ihr von braunem Reis Begeisterte, hier ist eine Methode, die immer perfekt gekochten Reis ergibt. Sie funktioniert ebenso mit braunem Langkorn- wie mit braunem Rundkornreis. Sie brauchen einen Topf mit einem gut schließenden Deckel und viel Zeit zum Nachdenken.

Achtung: Der fest schließende Deckel ist sehr wichtig. Wenn der Deckel verbeult ist oder die falsche Größe hat, entweicht Dampf, und der Reis braucht mehr Flüssigkeit oder mehr Zeit; wieviel mehr von jedem, ist schwer zu sagen. Wenn Ihr Deckel nicht richtig schließt, bedecken Sie den Topf mit Alufolie, legen den Deckel darauf und beschweren ihn mit einem Gewicht, um ihn so fest wie möglich zu halten.

Zutaten für 2 Tassen gekochten Reis:

1 Tasse brauner Reis
2 Tassen Wasser
½ Teelöffel Salz
1 Eßlöffel Butter oder Öl

Reis waschen und abtropfen lassen, eine Stunde einweichen.

Reis und Wasser in einen Topf geben.

Salz und Butter hinzufügen und zum Kochen bringen.

Temperatur sofort auf die niedrigste Stufe herunterschalten und den Topf mit einem gut schließenden Deckel zudecken. Reis eine Stunde lang ungestört kochen lassen.

Sehen Sie fern, bereiten Sie andere Gerichte für Ihr Essen vor oder machen Sie Ihre Yoga-Übungen, aber schauen Sie ja nicht in den Topf. Der Reis braucht Ruhe, wenn er richtig werden soll.

Um festzustellen, ob er fertig ist, brauchen Sie nur auf den Topf zu hören: Kein Blubbern mehr, sondern ein feiner, jedoch deutlich knackender oder platzender Ton: Der Reis am Topfboden fängt an zu rösten.

Den Topf fest verschlossen lassen. Ganz kurz vor dem Anrichten die Körner sanft mit der Gabel lockern.

Gut gekocht und gut gegessen (einen Mund voll hundertmal kauen), wird der Reis Ihnen gut bekommen.

Bulgur Pilaf mit Gemüse

Freuen Sie sich über den körnigen, toastartigen Geschmack von Weizen, gesprenkelt mit bunten Gemüsen und Pilzen. Die Pilzbrühe intensiviert das Aroma dieses Gerichts, das wir von Madhur Jaffrey übernommen haben.

Zutaten für 4–6 Personen:

Für die Pilzbrühe:

3 Tassen Wasser
eine kleine Handvoll getrockneter Pilze (14 g)
  oder ½ Tasse frischer Pilze
2 Zehen Knoblauch
½ geschnittene Zwiebel

Alle Zutaten zum Kochen bringen, dann bei schwacher Hitze ½ Stunde köcheln lassen.

Vor dem Gebrauch durchsieben.

Für das Pilaf:

4 Eßlöffel Pflanzenöl
1 Tasse kleingewürfelte rote Zwiebeln
1 Teelöffel Salz
1 Tasse dünngeschnittene Pilzhüte
½ Tasse Karotten, klein gewürfelt,
  oder ½ Tasse Piment, gut abgetropft und fein gewürfelt
2 Tassen Bulgurweizen
  (in türkischen und Naturkostläden erhältlich)
2½ Tassen Pilzbrühe

Öl in einem schweren 1-Liter-Topf mit Deckel erhitzen.

Zwiebeln und Salz hinzufügen. Sautieren, bis die Zwiebeln gerade anfangen, weich zu werden.

Pilze und anderes Gemüse zugeben und noch 1–2 Minuten sautieren.

Bulgurweizen hineingeben. Rühren und sautieren, bis die Körner gut mit Öl bedeckt sind.

Mit 2½ Tassen Brühe ablöschen und aufkochen lassen.

Zudecken, Temperatur zurückschalten und 25 Minuten köcheln lassen.

Herd ausschalten. Ein Geschirrtuch zwischen Topf und Deckel legen und 20 Minuten setzen lassen.

Heiß servieren.

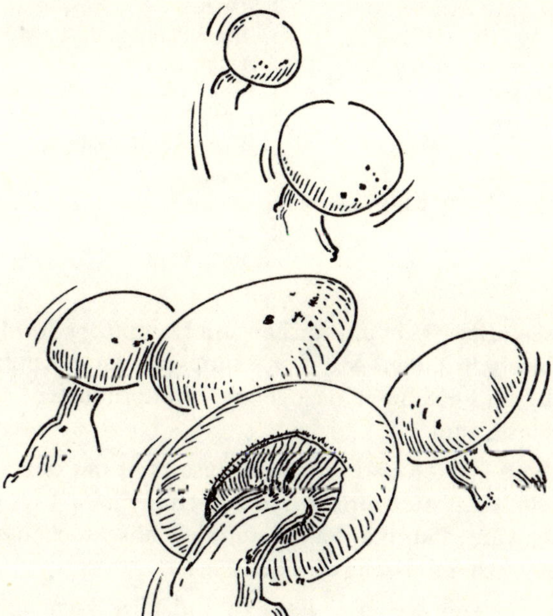

Kichererbsen-Eintopf

Kichererbsen neigen dazu, trocken und langweilig zu schmecken, aber bei diesem Gericht sind sie durch und durch würzig und saftig. Eintöpfe brauchen eine Weile, doch das Verfahren ist ganz einfach, und es lohnt sich, auf das Ergebnis – in diesem Fall ein Gericht, das überraschend gut schmeckt und wunderschön bunt aussieht – zu warten.

Zutaten für 1½ Liter:

- 1 Tasse getrockneter Kichererbsen (Garbanzo-Bohnen)
- 1 mittelgroße gelbe Zwiebel, gewürfelt
- 3 gepreßte Knoblauchzehen
- 1 Eßlöffel Hefeextrakt
- ½ Teelöffel Kümmel
- 1 mittelgroße rote Kartoffel, in Würfel geschnitten
- 1 kleine weiße Rübe, in Würfel geschnitten
- Currypulver
- Paprikapulver
- getrockneter Salbei
- 1 Stange Sellerie, geschnitten
- ½ grüne Paprika, in kleine Vierecke geschnitten
- 1 Tasse Pilze, ganz oder halbiert
- 1½ Tassen Tomaten aus der Dose, abgetropft und gehackt
- Rotwein
- Basilikum
- Majoran
- Salz und Pfeffer

Kichererbsen über Nacht einweichen. Im Dampftopf 30 Minuten kochen. Zwiebeln einige Minuten sautieren, dann Knoblauch, Hefeextrakt und Kümmel dazugeben. Weiterdünsten, bis die Zwiebeln glasig sind.

Die gekochten Erbsen und ihre Kochflüssigkeit mit den sautierten Zwiebeln, Kartoffelwürfeln und Rüben in einen Topf geben. Mit Currygewürz, Paprika, Salbei und Salz abschmecken. Etwa 40 Minuten köcheln lassen, bis alles gar ist.

In der Zwischenzeit Sellerie, Paprika und Pilze kurz anbraten, Rotwein und Tomaten zugeben und einige Minuten köcheln lassen, bis die Pilze und das Gemüse leicht kroß werden. Beiseite stellen, bis der Eintopf fast gar ist, und das Gemisch hineingeben. Mit Basilikum, Majoran, Salz und Pfeffer würzen. Überprüfen Sie vor dem Anrichten, ob alles schön heiß ist.

Sojabohnen mit Sesam

Etwas weniger aufwendig ist dieser Eintopf, den wir für uns im Winter zubereiten. Obwohl dies kein Rezept ist für die Gäste-Saison, sind Sojabohnen mit Sesam sehr gefragt. Schüler sagen: «Sie werden doch auch Sojabohnen mit Sesam in Ihr Buch aufnehmen, oder?» So, für euch alle, ihr Berg-Yogis und die, die es noch werden wollen, hier ist es.

Zutaten für 4 Personen:

1½ Tassen Sojabohnen
Wasser
¾ Tasse Sesambutter (Tahin)
Sojasauce
Salz und Pfeffer

Bohnen über Nacht einweichen.

Abtropfen lassen – aber das Wasser aufheben. Drei Tassen Wasser, das Einweichwasser miteingeschlossen, zum Kochen der Bohnen abmessen.

Bohnen drei Stunden köcheln lassen oder 30 Minuten im Dampftopf kochen. Sie müssen ganz weich sein.

Kochwasser abgießen, aber aufheben.

Sesambutter mit etwas Kochwasser verdünnen und zu den Bohnen geben. Mehr Wasser zugeben, bis die Bohnen so dick sind, wie Sie sie haben wollen.

Mit Sojasauce, Salz und Pfeffer würzen.

Tofu und Kohl, gebraten

Dies gehört zu unseren Lieblingsgerichten. Im Winter essen wir es sogar zum Frühstück.

Zutaten für 4–6 Personen:

- 1 Block Tofu
- 1 kleiner Kohl (grün, rot oder chinesisch)
- 2 große oder 3 kleine Knoblauchzehen
- frische Ingwerwurzel, ein daumengroßes Stück
- 1 Eßlöffel Sesamöl
- Sojaöl zum Braten
- Sojasauce

Tofu pressen, abtropfen lassen und in Stücke schneiden. Kohl schnitzeln. Knoblauch pressen, Ingwer reiben und beides mit dem Sesamöl vermischen.

Tofu in Sojaöl (oder anderem leichten Öl) bei ziemlich großer Hitze bräunen. Die Ingwer-Knoblauchpaste hinzufügen und noch etwa eine Minute weiterbräunen lassen. Aus der Pfanne nehmen.

Frisches Öl in die Pfanne geben und den Kohl bei mittlerer Hitze gar dünsten. Tofu dazugeben.

Mit Sojasauce würzen und je nach Geschmack mehr Ingwer oder Knoblauch hineingeben.

Heiß anrichten.

‹Chinesischer› Blumenkohl

Dieser Blumenkohl ist ungefähr so chinesisch wie ein Kotelett. Wir haben ihn noch nie für unsere Gäste zubereitet, aber ich esse ihn so gerne, daß ich Iva um das Rezept gebeten habe.

Blumenkohl
Butter
Salz
schwarzer Pfeffer (Szechwan-Pfeffer, falls vorhanden)
weißer Pfeffer
frische Kräuter: Thymian, Rosmarin, Schnittlauch, Petersilie

Blumenkohl in Butter in einer tiefen Pfanne bei ziemlich großer Hitze einige Minuten sautieren.

Salz, Szechwan-Pfeffer und Gewürze dazugeben. Pfanne zudekken und Blumenkohl bei geringer Hitze gar dämpfen lassen.

Gebackene Zwiebeln mit Balsamessig

Balsamessig ist ein stark würziger, dunkler, intensiver, alter Essig, den man in Feinkostläden oder Spezialitäten-Abteilungen großer Supermärkte bekommt. Bei diesem Gericht sorgt der Essig für den letzten Schliff der Zwiebeln, die vom längeren Backen weich und geschmeidig sind. Wir reichen es oft als Beilage zu Nudeln. Das Rezept ist so ungefähr das leichteste, was man sich vorstellen kann, aber es dauert ein bißchen, also backen Sie, wenn möglich, die Zwiebeln einen Tag vorher.

rote Zwiebel, groß, aber nicht riesig
Balsamessig

Backofen auf 180 °C vorheizen.

Ein Backblech mit Alufolie auslegen, um den Saft aufzufangen (oder stellen Sie einen Rost in eine mit Wasser gefüllte Bratreine). Die Zwiebeln ganz, nicht abgezogen, 1½ Stunden bei 180 °C backen, bis sie völlig weich und geschmeidig sind.

Etwas abkühlen lassen, daß man die braune Haut abziehen und den Wurzelansatz abschneiden kann. Bereiten Sie diese Zwiebeln auf ihr balsamisches Bad vor.

Zwiebeln halbieren, in eine hohe Auflaufform setzen und mit dem Essig bedecken. (Nach dem Gebrauch kann man den Essig durch ein Geschirrtuch oder Filterpapier sieben und noch mal verwenden.)

Zwiebeln mindestens eine Stunde lang marinieren lassen.

Gebackene Tomaten

Dieses einfache, unkomplizierte Rezept ist ebenso gut wie die Tomaten. Die leuchtend roten pausbäckigen Tomaten geben dem Essen etwas Fröhliches, Festliches.

Zutaten für 4 Personen:

4 große aromatische Tomaten
Olivenöl
getrockneter Majoran
getrocknetes Basilikum
2 Zehen Knoblauch, fein gehackt (nach Belieben)
Salz und Pfeffer
1 Eßlöffel frisches Basilikum, gehackt oder in Streifen geschnitten

Backofen auf 180 °C vorheizen.

Stiele und Blüten der Tomaten entfernen und die Früchte halbieren. Oben oder unten eine dünne Scheibe abschneiden, so daß sie fest sitzen können.

Auf ein Backblech geben. Oberfläche mit Olivenöl bestreichen. Mit getrockneten Kräutern, Knoblauch (wenn Sie wollen), Salz und Pfeffer besprenkeln.

15–20 Minuten backen, bis sie heiß und leicht weich sind.

Kurz vor dem Anrichten das frische Basilikum darüberstreuen.

Spinat mit Erdbeeren

Hier ist eine meiner neuesten Kreationen mit Spinat. Dies ist nicht nur ein wundervolles Gericht (wenn ich so sagen darf), sondern die Herbheit des Spinats und die Süße der Erdbeeren ergänzen einander perfekt.

Zutaten für 4 Personen:

1½ kg Spinat, gewaschen und in 2½ cm lange Stücke geschnitten
1 Tasse Erdbeeren, gewaschen und entstielt
Schnittlauch oder feingeschnittene grüne Zwiebeln zum Garnieren

Etwas Butter in einer großen Pfanne zerlassen. Den ganzen Spinat (oder soviel eben in die Pfanne geht) hineintun, zudecken und 1–2 Minuten dünsten lassen. Umrühren und das, was zuerst nicht hineinging, dazugeben. Zudecken und weiterdünsten, bis der Spinat weich ist.

Die größeren Erdbeeren halbieren oder vierteln und ein paar Beeren zum Garnieren zurückbehalten. Die übrigen in letzter Minute dazugeben, so daß sie kurz mit dem Spinat in der Pfanne erhitzt werden.

Spinat mit den zurückbehaltenen Beeren und etwas Schnittlauch verziert anrichten.

Abwandlung: Versuchen Sie es mit rotem Mangold (anstatt Spinat) und Erdbeeren.

Erbsen, Zuckererbsen und Blaubeeren

Hier ist ein weiteres Beispiel für das, was passiert, wenn ich mir selbst überlassen bleibe. Sie mögen es vielleicht nicht glauben, aber auf keinen Fall würde ich Blaubeeren in Spinat geben; in Erbsen und Zuckererbsen, ja. Ein lustiges Gemüsegericht.

Zutaten für 4 Personen:

1 Pfund frische Erbsen
½ Pfund Zuckererbsen
1 Tasse Blaubeeren
etwas Butter, wenn Sie wollen

Erbsen enthülsen, Fäden von den Zuckererbsen ziehen und Stiele entfernen, grüne und überreife Beeren aus den Blaubeeren lesen.

Erbsen und Zuckererbsen in kochendes Wasser geben. Sie sind nach etwa drei Minuten gar. Kurz bevor Sie das Wasser abgießen, lassen Sie die Blaubeeren hineinkullern. Geben Sie ihnen zehn Sekunden, dann lassen Sie sie abtropfen (wobei Sie das Wasser für Brühe aufheben können).

Wenn Sie wollen, können Sie ein Stückchen Butter daruntergeben.

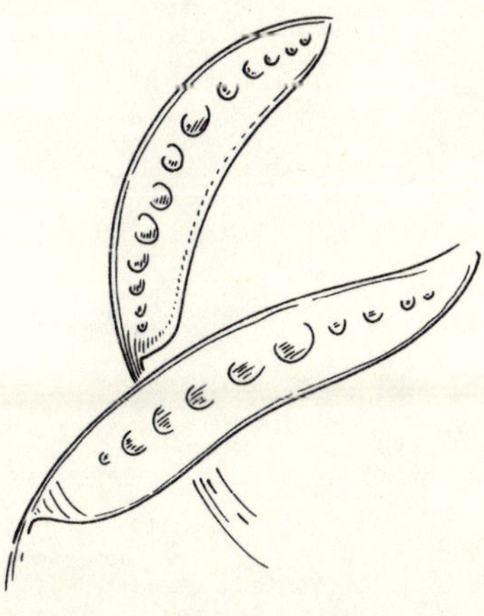

Himmel und Hölle
(Nach einem japanischen Volksmärchen)

Entgegen einem verbreiteten Glauben
sind die Tafeln der Hölle beladen
mit den erlesensten Speisen.
Was immer du auch begehren magst:
Suppen, Salate, Eintöpfe, Saucen, Currys,
wenn du willst, Obst, saftiges Fleisch
(nach Wunsch gegrillt), Kuchen und Eis.
Das einzig Ungewöhnliche ist,
du mußt mit einer Gabel essen, die sieben Meter mißt.
Wenn du sie bei den Zinken greifst, könnt' es dir zwar gelingen,
etwas zu essen, tust du's jedoch,
so schlägt dir gleich ein Teufel auf die Finger (oder piekst dich gar mit seiner Gabel)
und sagt: «Nimm sie am andern Ende!»
Ach, und so ist es dir versagt, die Speise
mit der Gabel in den Mund zu führen,
wenngleich köstliche Speisen dort vorhanden sind.

Im Himmel ist es ebenso:
Die gleichen langen Tafeln, brechend voll mit wohlschmeckenden Speisen,
die gleichen langen Gabeln, mit dem Unterschied,
die Menschen dort im Himmel versorgen den, der ihnen gegenüber sitzt,
mit Speisen.

Hauptgerichte mit Kruste

Zu den Hauptgerichten mit Kruste zählen auch solche mit Käse. Pizzas und Quiches mit Käse – alles Speisen, die eine festliche, fröhliche, feierliche Stimmung erzeugen. Es zeigt sich, daß diese ‹hausbackenen Schönen› recht einfach zu machen sind. (Sogar ich kann es!)

Die Pizzas reichen von der Amerikanischen 4. Juli-Pizza (ohne Fleisch) bis zur Pizza mexikanisch und Pizza Neu-Kalifornien (einfach etwas Ziegenkäse und Zucchini obendrauf legen). Dann gibt es eine wunderbare Calzone, eine zusammengeklappte Pizza (wieder ohne Fleisch, aber ich muß sagen, daß mir beim Essen nie der Gedanke kommt: «Wo ist das Fleisch?»).

Was in manchen Kreisen als Quiche bezeichnet wird, läuft bei uns unter ‹Kuchen›. Ich weiß gar nicht, warum wir diese Form von umgekehrtem Snobismus erfunden haben. Vielleicht wollten wir auch einfach nur nicht als ‹Quiche-Esser› bezeichnet werden. Auf alle Fälle sind all diese Rezepte auf der Grundlage eines besonders hervorstechenden Aromas erdacht, sei es das von Kümmel, Rauchkäse oder Senf.

Endlich zu Hause

Wenn ich diesen Teig ausrolle,
nehme ich mir den Wind aus den Segeln
und treibe ruhig auf den Wogen dahin,
ohne zu wissen, wie es weitergeht.

Endlich ist es gut, hier zu sein.

Rollen, kneten, drehen, formen,
sehen, riechen, schmecken, kosten.
Heiter bereite ich weiter dies Essen,
tue diese Arbeit des Ernährens,
die nie zu Ende ist.

Ich fühle mich wohl
in einer Welt,
nicht von mir gewählt.

Eine riesige Pizza

Haben Sie vor, Pizza für 250–270 Leute zu machen?

Für den Teig:

25 Pfund Vollweizenmehl
40 Pfund weißes Mehl
2 Pfund Roggenmehl
1 Tasse Salz
12 Tassen fruchtiges Olivenöl
40 Tassen Milch
40 Tassen Wasser
2 Tassen Hefe

Kneten Sie das mal zusammen!

Für die Sauce:

11 Pfund gelbe Zwiebeln
3 Tassen Knoblauch
3–4 Tassen Olivenöl
30 Pfund Tomaten, abgetropft, entkernt, gehackt
4–6 Pfund Tomatenmark
4 Flaschen Rotwein
reichliche ‹Händevoll› getrockneter Kräuter: Basilikum, Petersilie, Oregano und Majoran
1 kleine Handvoll Anissamen

Kochen Sie das mal zusammen!

Für den Belag:

6–8 Tassen Knoblauchöl
36 Pfund Mozzarella
20 Pfund geriebener Parmesan
20 Pfund anderer Käse
11 Pfund rote Zwiebeln, dünn in Viertelmonde geschnitten
35 Pfund Pilze, geschnitten
19 Pfund grüne Paprika, geschnitten
15 Pfund grüne oder schwarze Oliven, geschnitten oder gehackt
30 Pfund frische Tomaten, in runde oder halbrunde Scheiben geschnitten
6 Tassen frische Kräuter, gehackt (Petersilie, Basilikum, Majoran, Oregano)

Verteilen Sie das mal! Machen Sie ein Festessen! Modell Pizzas!

Malen Sie los!

Pizza-Teig

Unsere Version von Pizza-Teig enthält sowohl Vollweizen- und Roggenmehl als auch weißes Mehl.

Zutaten für 2 runde Pizzas Ø 20 cm:

1 Teelöffel Trockenhefe
⅓ Tasse warmes Wasser
große Prise Zucker
2 Eßlöffel Roggenmehl
⅜ Tasse Vollweizenmehl
¾ Tasse weißes Mehl
½ Teelöffel Salz
⅙ Tasse Milch
2 Teelöffel Olivenöl
Mehl zum Kneten

Hefe mit dem Zucker in warmem Wasser auflösen (weniger als 45 °C). Etwa zehn Minuten an einen warmen Ort stellen, bis die Mischung Blasen schlägt.

Alles Mehl und Salz in eine Schüssel geben. Hefemischung, Milch und Olivenöl dazutun. Rühren, bis ein grober Teig entsteht.

Teig auf ein bemehltes Brett geben und weichkneten, dabei so viel Mehl zugeben, daß der Teig nicht am Brett oder an den Händen kleben bleibt.

Schüssel reinigen, mit etwas Öl auswischen, den gekneteten Teig wieder in die Schüssel legen und einmal umdrehen, so daß die Oberfläche ganz mit Öl bedeckt ist. Mit einem Handtuch zudekken. Teig an einem warmen Platz 30 Minuten zu doppelter Größe gehen lassen.

Auf das bemehlte Brett geben und in zwei Stücke teilen. Jede Hälfte zu einem flachen Ballen von Ø 20 cm ausrollen oder ausziehen. (Das Ausrollen oder Ziehen geht leichter, wenn der Teig nach dem Teilen ein wenig ruht.)

Auf ein Backblech oder in flache Kuchenformen legen.

Pizza mit Ziegenkäse und Zucchini

Ziegenkäse hat einen weiten Weg zurückgelegt, bis er in ein buddhistisches Meditationszentrum im hintersten Kalifornien gelangt. Eine wunderbare Mischung verschiedener Mehlsorten läßt diese Pizza immer rasch verschwinden.

Zutaten für 2 Pizzas ∅ 20 cm:

- Pizzateig (S. 130)
- 3 Eßlöffel fruchtiges Olivenöl
- 1 Knoblauchzehe
- 2 mittelgroße oder 1 große Tomate, in runde Scheiben geschnitten
- 1 Tasse Zucchini, fein gerieben, gesalzen und gepreßt
- ½ Tasse rote Zwiebeln, dünn geschnitten
- 1½ Tasse Mozzarella
- 1 Tasse Ziegenkäse
- ½ Tasse Basilikum, in feine Streifen geschnitten

Backofen auf 200 °C vorheizen.

Pizzateig ausrollen. Öl und Knoblauch vermischen und reichlich über den Teig verteilen, aber etwas davon aufheben, um nach dem Backen die Oberfläche der Pizza damit einzustreichen.

Tomatenscheiben auf den geölten Teig legen.

Zucchini durch ein sauberes Geschirrtuch drücken, um überschüssiges Wasser zu entfernen, und über die Tomaten streichen. (Die Zucchini sind fein gerieben, leicht gesalzen, dann in eine Schüssel oder einen Durchschlag gelegt mit einem Gewicht obendrauf. Salz und Gewicht ziehen das Wasser aus dem Gemüse. Danach wird es so trocken wie möglich gedrückt.)

Die Zwiebelstückchen einzeln über die Zucchini streuen. Mozzarella gleichmäßig auf dem Gemüse verteilen.

Ziegenkäse über Mozzarella bröckeln.

15–20 Minuten im vorgeheizten Ofen backen, bis die Kruste braun ist. Sie können einen Pfannenwender nehmen, um festzustellen, ob die Pizza unten gar ist.

Aus dem Ofen nehmen. Leicht mit Knoblauchöl bestreichen, besonders den Rand. Mit Basilikum besprenkeln. Etwas salzen und pfeffern.

Pizza mexikanisch

Das Rezept stammt ursprünglich von ‹Greens›, unserem Restaurant in San Francisco. Scharf und gut gewürzt, handelt es sich auf jeden Fall um Pizza, allerdings keine, die man in Italien finden wird.

Chilpotle-Chilis sind Japalenos, die getrocknet und geräuchert wurden. Sie sind sehr scharf und sehr gut, man bekommt sie in Dosen. Es gibt keinen gleichwertigen Ersatz für Chilpotle-Paprikas, aber einige Alternativen werden aufgezählt.

Zutaten für 2 Pizzas ∅ 20 cm:

Pizza-Teig (S. 130)
¼ Tasse Chilpotle-‹Püree› (siehe Anleitung) oder scharfe Chilisauce oder Ketchup mit Tabasco oder eine Lage grüner Chilis
¾ Tasse geriebener Münster-Käse
¾ Tasse geriebener Cheddar
½ Tasse geriebener Appenzeller
1 kleine rote Zwiebel, in feine Ringe geschnitten
2 reife Tomaten, entkernt und in runde Scheiben geschnitten
1 rote oder grüne Paprika, entstielt, entsamt und in dünne runde Scheiben geschnitten
1 Knoblauchzehe, sehr fein gehackt oder gepreßt
1 Eßlöffel Olivenöl
frisch gemahlener Pfeffer
2 Teelöffel frischer Majoran, sehr fein gehackt
2 Teelöffel frischer Koriander, sehr fein gehackt
30 g frisch geriebener Parmesan
zusätzliches Olivenöl

Backofen auf 200 °C vorheizen.

Für das Chilpotle-Püree eine Chilpotle-Paprika fein hacken oder pürieren und mit Olivenöl verdünnen, so daß es sich streichen läßt.

Püree gleichmäßig über die Pizzas verstreichen.

Münster-Käse, Cheddar-Käse und Appenzeller darüberstreuen.

Zwiebeln, Tomaten und Paprika auf dem Käse anordnen.

Olivenöl und Knoblauch vermischen und über das Gemüse träufeln.

Pizzas auf der oberen Schiene des vorgeheizten Ofens 15–20 Minuten backen, bis die Kruste am Rand braun und kroß ist.

Herausnehmen und mit Kräutern und Parmesan bestreuen. Die Ränder mit Olivenöl bestreichen.

Sofort servieren und kühle Getränke griffbereit haben.

Calzone Tassajara

Das Rezept für diese zusammengeklappte Pizza haben wir ursprünglich von unseren Freunden vom ‹Chez Panisse›. Die unsere enthält kein Fleisch (was ist denn das?), aber geräucherter Käse hilft dem ab, und das Gemüse sorgt für etwas zum Hineinbeißen. Dies ist eine saftige, wohlschmeckende Pizza, durch nichts zu übertreffen außer einer gelegentlichen Abwechslung. Denn wenn Sie jeden Tag dasselbe essen, schmeckt es schließlich wie brauner Reis. Also hier steckt in jedem Bissen etwas Neues.

Zutaten für 1 Calzone für 1–6 Personen:

Für die Füllung:

1 kleine rote Zwiebel, fein gehackt
4 Knoblauchzehen, sehr fein gehackt
Olivenöl
1½ Tassen Ricotta
½ Tasse Feta oder Ziegenkäse, gekrümelt
½ Tasse Rauchkäse, Emmentaler oder Gruyere, gerieben
½ Tasse Parmesan, gerieben
1 Eßlöffel Kräuter (Thymian, Rosmarin, Majoran, Basilikum), frisch gehackt, oder ½ Teelöffel getrocknete Kräuter
bis zu 1½ Tassen welcher Kombination auch immer: Zucchini, gerieben, gesalzen, gepreßt und ausgedrückt (s. Pizza mit Zucchini und Ziegenkäse),
Karotten, geschält, gerieben oder geraspelt, grüne oder schwarze Oliven, entkernt, geschnitten oder gehackt,
sonnengetrocknete Tomaten, klein gewürfelt oder in Streifen geschnitten
Salz und Pfeffer

Backofen auf 220 °C vorheizen.

Zwiebeln und Knoblauch in Olivenöl sautieren, bis die Zwiebeln weich sind. Getrocknete Kräuter zu den bratenden Zwiebeln geben, falls keine frischen vorhanden sind. (Frische Kräuter werden später ungekocht dazugetan.)

Die garen Zwiebeln und Knoblauch mit Käse, rohen Gemüsen, Oliven, Tomaten und frischen Kräutern vermischen. Mit Salz und Pfeffer abschmecken.

Für die ‹Verpackung›:

Pizza-Teig für 2 Pizzas (S. 130)
2 Eßlöffel Olivenöl
1 kleine Knoblauchzehe, gepreßt oder sehr fein gehackt

Teig zu einem Kreis von 20–30 cm Durchmesser ausrollen und auf ein mit Backpapier oder Alufolie belegtes Keksblech legen.

Öl und Knoblauch mischen. Teig mit dem Öl bestreichen, dabei einen 3 cm breiten Rand ungeölt lassen. Diesen Rand mit Wasser bestreichen. Die Füllung auf eine Hälfte des geölten Teigs geben und die andere Hälfte darüberklappen, so daß die Calzone entsteht.

Die Ränder zusammendrücken und einmal umklappen, damit sie fest zusammenhalten. Mit einer Gabel den Rand wellen und die ganze Oberfläche einstechen, damit Luftlöcher entstehen. (Ja, sogar eine Calzone muß atmen.)

Teig mit ‹Eiwäsche› (S. 48) einstreichen. Mit Kräuterblättern verzieren, wenn Sie wollen (flache Salbeiblätter eignen sich gut dazu). Pinseln Sie mehr ‹Eiwäsche› über die Blätter, dann kleben sie gut.

Die Calzone als Ganzes anrichten und sich an ihrem Anblick erfreuen. Dann in Scheiben schneiden.

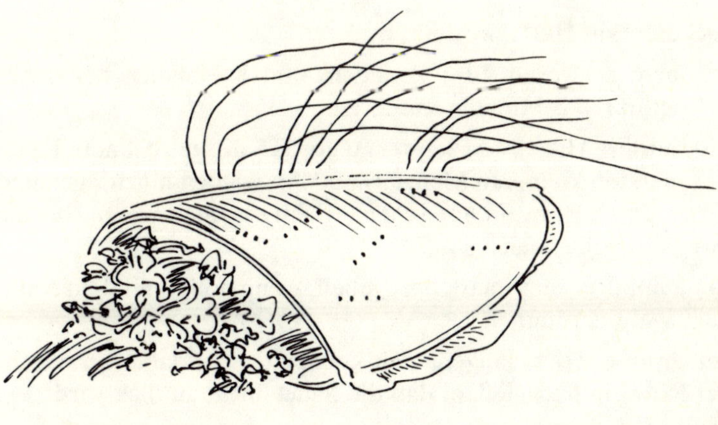

Amerikanische 4. Juli-Pizza

In Tassajara feiern wir am 4. Juli immer ein großes Fest mit einer Party. Zu unseren Sommergästen und ständigen Mitbewohnern laden wir die Nachbarn «von gegenüber» ein – 32 Kilometer talabwärts, eine Stunde Fahrt –, und über hundert machen die Reise.

Hier ist unsere Version der Amerikanischen 4. Juli-Pizza. Jeffrey hat sie die letzten vier Jahre gemacht und war so freundlich, ein paar seiner Geheimnisse preiszugeben.

Zutaten für 2 Pizzas:

Für die Sauce:

2 große gelbe Zwiebeln, geviertelt und in Viertelmonde geschnitten
8 (oder mehr, je nach ihrem Fassungsvermögen) große Knoblauchzehen, gehackt
fruchtiges Olivenöl zum Sautieren
Salz
je ¼–½ Teelöffel von einem der folgenden getrockneten Kräuter: Petersilie, Basilikum, Thymian, Oregano, Majoran
1 große Prise getrockneter ganzer Anissamen
2 Tassen ordentlicher Rotwein
250 g pürierte Tomaten
115 g Tomatenmark

Backofen auf 200 °C vorheizen

In einem schweren Topf Zwiebeln und Knoblauch bei hoher Temperatur 1–3 Minuten sautieren.

Auf mittlere Hitze reduzieren und etwas Salz, getrocknete Kräuter (zuerst in kleineren Mengen) und Anissamen hinzufügen und mit ½ Tasse Rotwein ablöschen. Richtig kochen lassen, bis die Zwiebeln völlig weich sind.

Tomatenpüree und -mark dazugeben, wenn nötig, mit dem restlichen Wein verdünnen.

Bei geringer Hitze längere Zeit kochen lassen, dabei gerade soviel Rotwein nachgießen, daß die Sauce nicht zu dick wird.

Wenn Sie sehen, daß die Mischung langsam braun wird, fangen Sie an, Salz und Kräuter abzuschmecken.

Beginnen Sie mit dem Pizza-Teig (S. 130) ungefähr 1–½ Stunde vor der eigentlichen ‹Montage›, damit die Pizza Zeit hat zum Gehen. (Wir beginnen mit unserem Stunden vorher, heben ihn in großen Plastikbehältern in unserem begehbaren Kühlschrank auf und holen ihn so rechtzeitig wieder heraus, daß er aufgewärmt, aufgeteilt und zu Pizzas geformt werden kann.)

Für den Belag:

Pizza-Teig für 2 Pizzas Ø 20 cm:

1 Tasse geriebenen Mozzarella
½ Tasse geriebenen Parmesan
1 Tasse geriebenen Käse Ihrer Wahl (Cheddar, Rauchkäse, Emmentaler . . .)
1 kleine rote Zwiebel, in dünne Halbmonde geschnitten
1 Paprika (grün, rot oder gelb), in dünne Ringe oder Streifen geschnitten
¾ Tasse grüne oder schwarze Oliven, gehackt oder geschnitten
1½ Tassen Pilze, in kleine ‹Bäumchen› geschnitten
1 frische Tomate, in Halb- oder Viertelmonde geschnitten
½ Tasse Knoblauchöl (lassen Sie eine grobgehackte Knoblauchzehe in ½ Tasse Olivenöl einweichen)
½ Tasse frische Kräuter (Petersilie, Basilikum, Thymian, Oregano, Majoran oder was immer Sie haben), fein gehackt
Salz und Pfeffer

Pizza-Teig ausrollen und mit Knoblauchöl bestreichen (etwas davon zum Bestreichen nach dem Backen aufheben).

Sauce und Käse darauf verteilen.

Nun, welche Kombination von Belag auch immer Sie gewählt haben, hinzugeben: Zwiebeln, Paprika, Oliven, Pilze, Tomaten.

Auf der oberen Schiene des vorgeheizten Ofens 15–20 Minuten backen, bis die Kruste am Rand braun und kroß ist.

Aus dem Backofen nehmen und sofort mit Knoblauchöl bestreichen. Die frischen Kräuter darauf verteilen und zum Schluß etwas Salz und frisch gemahlenen Pfeffer darüberstreuen.

Käsequiche-Teig

Wenn dieser Teig richtig gemacht ist, ist er blättrig, zart und buttrig. Wir mögen ihn lieber als Teig, der mit Öl oder Margarine hergestellt wird, obwohl der Gebrauch von Butter besondere Aufmerksamkeit erfordert. Durch die kleinen Butterklümpchen wird der Teig blättrig; deshalb ist es wesentlich, daß die Butter während der ganzen Zubereitungszeit kühl und klumpig bleibt; sie darf nicht so weich werden, daß sie sich mit dem Mehl und Wasser vermischt. Wie Sie aus dem Rezept ersehen können, läßt sich das auf verschiedene Art erreichen: Man verwendet gefrorene oder gekühlte Butter und Eiswasser, mischt nur behutsam und gefriert den Teig vor dem Backen. Diese Prozedur erfordert etwas Zeit, aber als Lohn für Ihre Mühe wird die fertige Quiche um so blättriger und schöner sein.

Zutaten für 1 ‹Kuchen›:

1 Tasse plus 2 Eßlöffel weißes Mehl
¼ Teelöffel Salz
⅓ Tasse ungesalzene Butter
3–4 Eßlöffel kaltes Wasser (vorzugsweise Eiswasser)

Mehl und Salz mischen, Butter hineinschaben. (Oder, wie es Jeffrey bevorzugt, gefrieren Sie die Butter vorher und reiben Sie sie ins Mehl.) Die Mischung hat dann dieselbe Farbe und Struktur wie grobes Maismehl.

Das kalte Wasser eßlöffelweise hinzufügen, nicht mehr als notwendig ist, so daß die Mischung zusammenhält und sich zu einem Ballen formen läßt. Mit einer Gabel oder mit den Händen mischen und dabei den Teig so wenig wie möglich anfassen.

Soll der Teig nicht sofort verwendet werden, wickeln Sie ihn in Wachspapier und stülpen eine Plastiktüte darüber, so hält er eine Woche und länger im Kühlschrank.

Damit der Teig beim Backen nicht zu sehr eingeht, rollen Sie ihn aus und lassen ihn eine Stunde im Kühlschrank ruhen, bevor Sie ihn in eine Obstkuchenform füllen.

Den gekühlten Teig in eine Kuchenform drücken und hart frieren (etwa 1 Stunde), bevor Sie ihn backen. Bleibt er ohne Füllung, Ofen auf 190 °C vorheizen und den noch gefrorenen Teig hineinschieben. (Wir füllen den Kuchenboden immer mit ein paar getrockneten Bohnen, damit er sich beim Backen nicht ausdehnen und durchhängen kann.) Etwa 20–25 Minuten backen, bis die Quiche leicht braun ist.

Emmentaler- und Zwiebelkuchen mit Kümmel

Mit dem milden Käse, dem die gerösteten Zwiebeln und der Kümmel eine besondere Note geben, ‹singt› dieses Gericht süß und pikant. Sahne mit den Eiern macht die Sauce glatt, sämig und nahrhaft. Wenn Sie es lieber mögen, können Sie jedoch auch nur Milch verwenden.

Zutaten für 1 Kuchen Ø 22 cm:

1 vorgebackener Kuchenboden (S. 138)
1 gelbe Zwiebel, dünn geschnitten
1 Eßlöffel Butter
2 Teelöffel frisch gemahlene Kümmelsamen, in einer Gewürzmühle pulverisiert
kochendes Wasser
3 Eier
½ Teelöffel Salz
½ Tasse Milch
1 Tasse Sahne (oder mehr Milch)
⅔ Tasse geriebener Emmentaler
1 Teelöffel ganze Kümmelsamen
grobgemahlener schwarzer Pfeffer

Backofen auf 190 °C vorheizen

Die Zwiebeln mit dem gemahlenen Kümmel in Butter langsam weich dünsten, bis sie völlig gar sind, etwa 25 Minuten. Von Zeit zu Zeit mit ein paar Löffeln kochendem Wasser ablöschen, dann kocht es besser und verhindert gleichzeitig, daß der Kümmel anbrennt. Die Zwiebeln sollen schön gebräunt und süß sein.

Eier und Salz verquirlen, bis sie hell werden, dann Milch und Sahne hineingeben und zusammenrühren.

Käse auf dem vorgebackenen Boden verteilen, eine Schicht Zwiebeln darüberlegen und den Kümmel darauf verteilen. Mit Pfeffer bestreuen.

Eimischung darübergießen.

Auf der oberen Schiene im vorgeheizten Ofen etwa 40 Minuten backen, bis sich die Sauce gesetzt hat und die Oberfläche goldgelb aussieht.

Kuchen vor dem Anrichten 5–10 Minuten zum Auskühlen auf einen Rost legen, denn so kann sich das Aroma entwickeln.

Tassajara-‹Kuchen› mit Spinat und Rauchkäse

Wir haben ein altes Lieblingsgericht abgewandelt und geräucherten Käse hinzugefügt, um der Quiche ein Aroma zu geben, welches ein wenig an Speck erinnert. Der Spinat verleiht ihr Kontrastfarbe und -geschmack.

Zutaten für 1 Kuchen ∅ 22 cm:

1 roher (nicht vorgebackener) Kuchenboden
Dijon-Senf
½ Tasse geriebener Cheddar
½ Tasse geriebener Parmesan (oder Appenzeller)
½ Tasse Rauchkäse
1 kleiner Strauß Spinat (ungefähr 2 Tassen, gewaschen und geschnitten) oder ½ Paket tiefgefrorenen Spinat, aufgetaut
1 Tasse geschnittene Pilze
3 Eier
½ Tasse Milch
½ Tasse Sahne (oder zusätzlich noch ½ Tasse Milch)
Tabasco-Sauce (nach Geschmack)

Anmerkung: Haben Sie keine Pilze, nehmen Sie ein zusätzliches Ei und eine weitere Vierteltasse Milch und Sahne für die Sauce.

Backofen auf 220 °C vorheizen.

Den rohen Boden reichlich mit Dijon-Senf einstreichen und den Käse gleichmäßig darüberstreuen.

Spinat entstielen und in 1 cm breite Streifen schneiden.

Pilze bei mäßiger Hitze 3–4 Minuten sautieren und den Spinat hineingeben. Weiterkochen, bis der Spinat weich ist. Spinat und Pilze über den Käse verteilen.

Eier in eine Schüssel schlagen und mit Milch, Sahne und einem Tropfen Tabasco-Sauce verquirlen. (Sie können auch nur Milch verwenden.) Über das Gemüse gießen.

15 Minuten auf 220 °C backen, dann auf 140 °C zurückschalten und noch mal 20–25 Minuten weiterbacken lassen, bis ein Messer, in die Mitte gesteckt, sauber herauskommt.

Fünf Minuten stehen lassen, bevor Sie anrichten.

Cheddar-‹Kuchen› mit Senf und Schnittlauch

Dies ist eine leichte, puddingartige Quiche, sehr aromatisch mit Senf, Käse und Kräutern – eine schöner, goldener, grüngesprenkelter Kuchen.

Zutaten für 1 Kuchen ∅ 22 cm:

- 1 vorgebackener Kuchenboden (S. 138)
- 1 Eßlöffel guter Senf, grob- oder feinkörnig
- 1½ Tassen geriebener Cheddar
- 1 Tasse Sahne
- 1 Tasse Milch
- ¼ Teelöffel Salz
- 4 Eier
- ½ Teelöffel getrockneter Dill oder 1 Eßlöffel gehackter frischer Dill
- ¼ Tasse geschnittener Schnittlauch oder grüne Zwiebel (grüne und weiße Ringe)

Backofen auf 200 °C vorheizen.

Senf auf den Boden des Kuchens streichen und mit dem geriebenen Käse bedecken.

Sahne, Milch, Salz und Eier gut verquirlen, dann die Kräuter hineinrühren.

Mischung gleichmäßig über den Käse gießen.

Quiche auf der oberen Schiene des vorgeheizten Ofens 10 Minuten backen, dann Temperatur auf 140 °C zurückschalten und weitere 25 Minuten backen, bis sie oben golden aussieht, die Sauce sich gesetzt hat und ein Messer, das man in der Mitte hineinsteckt, sauber herauskommt.

Bevor Sie die Quiche anrichten, lassen Sie sie auf einem Rost 10 Minuten abkühlen.

Tofu-Hauptgerichte

‹Tofu› ist der japanische Name für Bohnenmolke oder -quark, und innerhalb der letzten 10 Jahre hat er sich etabliert. Er hat den weiten Weg in die Supermärkte und in einige kleinere Lebensmittelgeschäfte, hauptsächlich Naturkostläden und Reformhäuser, geschafft (zumindest in der Bucht von San Francisco). Wie Sie an den Rezepten sehen werden, hat die westliche Küche Tofu ebenfalls übernommen. Was als Miso-Suppe und gebratenes Gemüse angefangen hat, gipfelt nun in Gumbo und Stroganoff. Hoher Proteingehalt, wenig Kalorien, leicht verdaulich, kann Tofu auf vielerlei köstliche und befriedigende Weise verarbeitet werden.

Für alle Rezepte wird lieber ‹fester› als ‹weicher› Tofu verwendet (weicher fällt beim Kochen auseinander). Die meisten Gerichte verlangen daher, daß man Tofu ‹abtropfen läßt und preßt›. Dahinter steht der Gedanke, dem Tofu alle überschüssige Flüssigkeit zu entziehen, denn so hält er beim Kochen mehr zusammen und nimmt Aroma besser an. Man erreicht dies, indem man den Tofu-Block in 3 oder 4 gleich dicke Stücke schneidet und diese auf eine schräge Unterlage legt, gewöhnlich ein Holzbrett oder ein Backblech. Ein weiteres Brett oder Backblech, auf den Tofu gelegt, soll durch sein Gewicht noch mehr Flüssigkeit herausdrücken. Tofu 20 30 Minuten abtropfen lassen, wenn Sie Zeit dazu haben. Dann ist er startbereit.

Den Hunger aller stillen (ohne Streß)

Der, der bei harter Arbeit freudig atmet,
kennt Reichtum,
der nicht käuflich ist. Und dennoch
atmen wir nicht frei, arbeiten wir
unter Streß. Was ist das für ein Hunger,
den wir stillen?
Würden wir halb soviel Fleisch essen,
würden wir halb soviel Alkohol trinken, den
Hunger der ganzen Welt könnten wir stillen.
Und doch stillen wir den Streß, den wir anstauen,
und mißachten den Preis, den wir dafür zahlen.
Wir pferchen Tiere ein, halten sie in Käfigen: Für
diese vier Beine keine Wiesen, zum Picken
keine Erde, kein Morgengrauen, kein
Watscheln in der Mittagshitze, keine Erholung
bei Nacht. Was ist das
für ein Leben? Auch sie bauen Streß auf.
Ihr Trieb zum Laufen und Grasen wird eingedämmt,
alles gestaut im Fleisch, das wir essen,
und doch tun wir uns selbst das gleiche an,
im Wettstreit um Erfolg.
Mögen wir damit aufhören, hinaus in die Freiheit
treten in den weiten Raum,
frei von unserer eigenen Gefangenschaft.
Mögen wir weisen, rechten Gebrauch von unserem
Körper machen
und die Sehnsucht unseres Herzens stillen.

Tofu-Marinade

Diese Marinade ist ein ‹Zaubermittel›, das dem Tofu eine besondere Note verleiht. In unserem Restaurant ‹Greens› in San Francisco marinieren wir Tofu damit, bevor er auf Holzkohle gegrillt wird.

Zutaten, um 2 Blöcke Tofu zu marinieren:

2 Blöcke Tofu
14 g getrocknete Pilze
1 Tasse Wasser
2 Teelöffel getrockneter Oregano
2 Zehen Knoblauch, gepreßt oder im Mörser gestoßen
½ Tasse fruchtiges Olivenöl
½ Tasse Sherry-Weinessig oder Rotweinessig
½ Tasse Rotwein
½ Tasse Sojasauce (Tamari, wenn möglich)
1 Prise gemahlene Nelken
½ Teelöffel Salz
etwas schwarzer Pfeffer

Tofu abtropfen lassen und pressen (S. 143), um überschüssiges Wasser zu entfernen.

Pilze 15 Minuten in dem Wasser köcheln lassen.

Oregano bei mittlerer Hitze in einer kleinen Pfanne rösten, bis er duftet (ohne ihn dabei anbrennen zu lassen).

Die restlichen Zutaten vermischen, dann den fertigen Oregano zugeben.

Aufkochen und noch ein paar Minuten köcheln lassen.

Tofu in 4 Stücke schneiden.

Die heiße Marinade über die Tofustücke gießen. Mindestens zwei Stunden marinieren, vorzugsweise über Nacht (im Kühlschrank). Man kann Tofu auch mehrere Tage marinieren lassen. Wenn er einigermaßen frisch und trocken war, kann man die Marinade kochen, durch ein Sieb gießen und kühl stellen, um sie dann noch einmal zu verwenden.

Marinierter Tofu, gebraten, mit Zwiebeln und Pilzen

Wenn der Tofu mariniert ist – mindestens einen Tag lang –, läßt sich dieses Gericht schnell und einfach herstellen. Wie sie unter ‹Variation› sehen können, ist Sesamöl nicht unersetzlich; das Gericht kann auf vielfältige Weise gewürzt werden.

Zutaten für 4 Portionen:

1 Block Tofu, mindestens einen Tag mariniert (S. 145)
helles und dunkles Sesamöl
2 mittelgroße gelbe Zwiebeln, geschnitten
½ Pfund Pilze, geschnitten
Tamari-Sauce
Salz und Pfeffer
2 Knoblauchzehen, fein gehackt
kochendes Wasser
Semmelbrösel, Mehl oder Maismehl

Tofu aus der Marinade nehmen und auf einem schrägen Brett abtropfen lassen (S. 143), während Sie Zwiebeln und Pilze schneiden und dünsten.

Ungefähr je 2 Teelöffel Öl in einer großen Pfanne erhitzen.

Zwiebeln in das heiße Öl geben und bei großer Hitze sautieren, bis sie zu bräunen anfangen. Pilze hinzufügen, noch ein paar Minuten sautieren, dann einen Eßlöffel Tamari hineingeben und sofort die Temperatur zurückschalten. Salz, Pfeffer und Knoblauch dazugeben.

Wenn die Pfanne trocken aussieht, langsam das kochende Wasser hineingießen, so daß es blubbert und sofort einkocht, wobei eine Art Glasur entsteht. Weiter Wasser nachgießen und einkochen lassen, bis Zwiebeln und Pilze gar sind.

Noch einige Teelöffel Öl in die Pfanne geben.

Tofu in gabelgroße Stücke schneiden und mit Semmelbrösel, Mehl oder Maismehl panieren und im heißen Öl braten, bis der Tofu innen warm und außen braun ist.

Zwiebeln und Pilze hinzufügen und aufpassen, daß alles heiß ist, bevor Sie es anrichten. Wenn Sie noch andere Dinge vorzubereiten haben, halten Sie alles im Backofen warm oder wärmen es wieder auf.

Mit grünen Zwiebeln garnieren.

Variation: Verwenden Sie dieselben Zutaten wie oben, aber anstelle des Sesamöls ein dünnes, fruchtiges Olivenöl und etwas frischen Majoran und Thymian mit den Zwiebeln und/oder der Panierung, das Aroma ist völlig anders; mit frisch geriebenem Parmesan servieren.

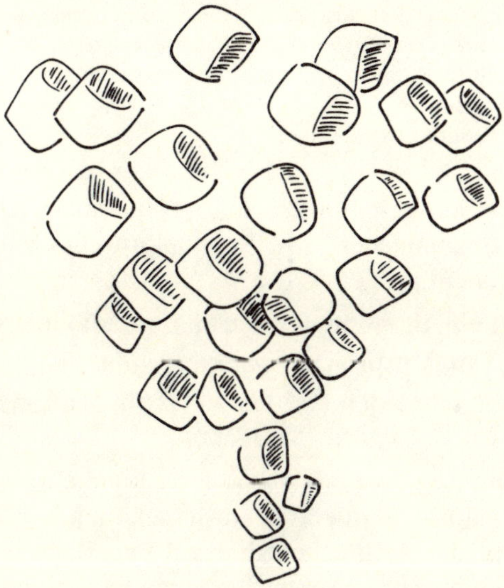

Tofu-Schnitzel

Tofu braucht nicht länger langweilig und nichtssagend zu schmecken! Hier ist ein Gericht, das aus Tofu eine nahrhafte, wohlschmeckende, ansprechende Mahlzeit macht. Nehmen Sie aber nur *festen* Tofu; die weicheren Abwandlungen neigen dazu, auseinanderzufallen.

Zutaten für 4 Personen:

1½ Block (350 g) fester Tofu
1½ Teelöffel getrockneter Thymian
1 Teelöffel getrocknetes Bohnenkraut
2 Teelöffel getrocknetes Basilikum
2 Teelöffel getrockneter Majoran
1 Tasse Semmelbrösel, leicht im Backofen geröstet
1 Tasse feingeriebener Parmesan
½ Teelöffel Salz
schwarzer Pfeffer, großzügig hineingemahlen
2 Eier
ein leichtes Öl zum Braten
Zitronenscheiben zum Garnieren
Tartarsauce mit frischem Basilikum (S. 104)

Kräuter zwischen den Fingern oder Handballen zerreiben, um ihren Duft freizumachen. Mit Semmelbröseln, Käse, Salz und Pfeffer auf einem großen Teller vermischen.

Die Eier auf einem zweiten Teller mit einer Gabel verquirlen.

Den abgetropften Tofu in 1,2 cm dicke und 7 cm lange Streifen oder Vierecke schneiden (1,2 cm × 1,2 cm × 7 cm für Streifen, 1,2 cm × 7 cm × 7 cm für Vierecke).

Reichlich Öl in einer großen schweren Pfanne erhitzen, bis die Oberfläche glänzt. Temperatur zurückschalten.

Tofustücke in das Ei tauchen und mit den Bröseln von beiden Seiten panieren. Für eine ganz schöne Panierung jedes Stück zweimal in die Eier und zweimal in die Brösel tauchen.

Panierten Tofu in Öl braten, bis er auf allen Seiten braun aussieht, etwa 2–3 Minuten für jede Seite, dann auf Haushaltspapier abtrocknen lassen.

Mit Zitronenscheiben und der mit Basilikum gewürzten Tartarsauce sofort anrichten.

Ein paar zusätzliche Anmerkungen: Der panierte Tofu kann auch bereits vor dem Braten vorbereitet werden, so daß Sie mit dem Panieren fertig sind, bevor Sie anfangen, zu braten. Müssen Sie im letzten Augenblick noch andere Vorbereitungen treffen, können Sie die gebratenen Tofuscheiben im Backofen warm halten.

Als Abwandlung können Sie zum Panieren ¼ Tasse Maismehl anstatt Semmelbrösel nehmen.

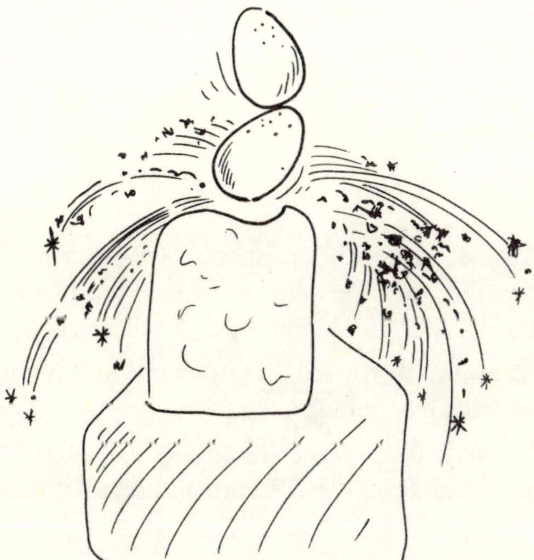

Tofu-Teriyaki

Dieser Auflauf voller Düfte und Aromen ist leicht zu bereiten, allerdings muß der Tofu einen Tag vorher mariniert werden. Da das Gericht ziemlich saftig ist, paßt es ausgezeichnet zu einfachem Reis oder Nudeln.

Zutaten für 4–6 Personen:

Für die Teriyaki-Marinade:

1 Tasse Sojasauce
½ Tasse Sake oder Weißwein
½ Tasse Zucker (oder 1 Teil Honig)
1 Eßlöffel frischer Ingwer, gerieben
6 Knoblauchzehen, zerdrückt oder gepreßt
¼ Tasse Sesamöl
1½ Teelöffel trockener Senf

Alle Zutaten in einen Topf geben, zum Kochen bringen und 10 Minuten köcheln lassen.

Zum Marinieren:

2 Blöcke festen Tofu
Teriyaki-Marinade

Tofublöcke halbieren und überschüssiges Wasser abtropfen lassen, indem Sie ihn auf eine schräge Unterlage legen, entweder auf ein Holzbrett oder das Ende eines Backblechs.

Tofu 20–30 Minuten abtropfen lassen, dann in 2,5 cm × 2,5 cm × 5 cm dicke Stücke schneiden.

Die heiße Marinade über den Tofu gießen und über Nacht marinieren lassen. Die abgekühlte Mischung in den Kühlschrank stellen.

Für den Auflauf:

marinierter Tofu
2 mittelgroße Zwiebeln, in Halbmonde geschnitten
2 Paprika, in Streifen geschnitten
2 Tassen Pilze, halbiert
6 mittelgroße oder 4 große Tomaten, in Schnitzel geschnitten
1 grüne Zwiebel zum Garnieren, dünn geschnitten

Zwiebeln 1–2 Minuten sautieren, Paprika zugeben und weitere 5 Minuten sautieren. Aus dem Topf nehmen, abtropfen lassen und die Flüssigkeit aufheben.

Pilze 3–4 Minuten sautieren, vom Herd nehmen, abgießen und die Flüssigkeit ebenfalls aufheben.

Und nun der Auflauf:

Eine Lage Tofu, eine Lage Zwiebeln–Paprika, eine Lage Tofu, eine Lage Zwiebeln–Paprika, eine Lage Pilze, eine Lage Tomaten.

Den Saft von Zwiebeln, Paprika und Pilzen mit der gleichen oder größeren Menge von Teriyaki-Marinade mischen und in die Auflaufform geben, insgesamt 1½ Tassen Flüssigkeit.

Ohne Deckel bei 175 °C etwa 45 Minuten im Ofen backen, bis alles durch und durch heiß ist.

Geschnittene grüne Zwiebeln zum Garnieren darüberstreuen und während der letzten 5 Minuten im Backofen die Form zudecken.

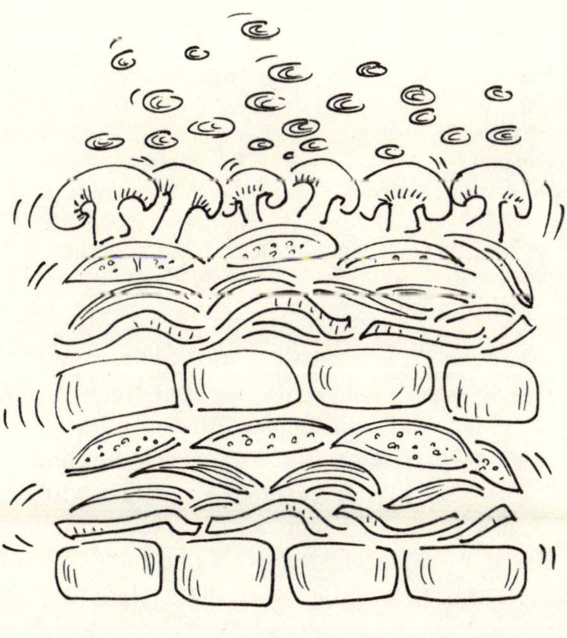

Eleanors Tofu-Eintopf

Es war nur eine Frage der Zeit, bis sich Tofu in einen Eintopf verwandelte. Die kreolische Küche bewirkt Wunder bei diesem Klumpen aus dem Osten. Alles, was nötig ist, ist ein wenig Arbeit, ein wenig Geduld und ein wenig Liebe! Wir haben dazu Maisbrot, grünen Salat mit Avocados und Grapefruitscheiben sowie Pecannußkuchen gereicht.

Das Rezept besteht aus zwei Teilen: Einer Einbrenne und einem Eintopf; zum Schluß wird beides zusammengemischt. Manche Zutaten braucht man für beides; so kann man zum Beispiel die Paprikaschoten alle auf einmal schneiden.

Noch etwas Wichtiges: Bemerken Sie zu irgendeinem Zeitpunkt, daß der Eintopf anbrennt oder am Topfboden ansetzt, gießen Sie ihn in einen anderen Topf, um zu vermeiden, daß der ganze Eintopf angebrannt schmeckt.

Zutaten für 4–6 Personen:

Die Einbrenne:

½ Tasse Butter
¾ Tasse Mehl
1 mittelgroße gelbe Zwiebel, in Würfel geschnitten
½ rote Paprika, in Streifen oder Würfel geschnitten
½ grüne Paprika, in Streifen oder Würfel geschnitten
1 Stange Sellerie, in Scheiben geschnitten
1 große Prise Salz
⅛–¼ Teelöffel Cayenne-Pfeffer
⅛–¼ Teelöffel weißer Pfeffer
¼ Teelöffel schwarzer Pfeffer
2 Zehen Knoblauch, gepreßt oder im Mörser gestampft
je ½ Teelöffel getrockneter Thymian, Majoran und Oregano

In einer Pfanne oder einem schweren Topf Butter erhitzen, bis sie Blasen schlägt. Unter kräftigem Rühren das Mehl hineingeben. Bei starker Hitze kochen und dabei ständig rühren, bis die Einbrenne ganz dunkelbraun, schokoladenfarbig wird. Das dauert etwa 15 Minuten. (Eleanor sagt, es sei sehr wichtig, die Flamme immer hoch zu halten und ständig ‹unten› zu kratzen!)

Auf mittlere Hitze reduzieren, wenn die Einbrenne braun ist.

Zwiebeln, Paprika, Sellerie, Cayenne, weißen und schwarzen Pfeffer hineingeben, köcheln lassen und dabei rühren, ungefähr 15 Minuten. Dick, oder? Beiseite stellen.

Der Eintopf:

½ Tasse Butter
1½ Pfund Okra, ohne Spitze und Stielansatz, in etwa 1,5 cm dicke Scheiben geschnitten (Okra bekommen Sie in türkischen Läden; wenn nicht erhältlich, gehen auch dicke grüne Bohnen oder Zucchini)
2 Maiskolben, Kerne abschneiden und das Mark vom Kolben kratzen
1 große gelbe Zwiebel, in Scheiben geschnitten
½ rote Paprika, in Streifen oder Würfel geschnitten
½ grüne Paprika, in Streifen oder Würfel geschnitten
1 Stange Sellerie, in Scheiben geschnitten
6 Zehen Knoblauch, fein zerhackt
Salz
¼ Teelöffel Cayenne-Pfeffer
¼ Teelöffel weißer Pfeffer
⅛–¼ Teelöffel schwarzer Pfeffer
2 500-g-Dosen Tomaten, abgetropft, in große Würfel geschnitten
1 Block (etwa 450 g) Tofu, abgetropft und gepreßt, in kleine Würfel geschnitten

Zuerst die Brühe köcheln lassen, wenn Sie welche verwenden wollen. Die Variante asiatische Brühe (S. 79) geht ebenfalls. Sie können aber auch den Saft der abgetropften Tomaten verwenden.

Tofu abtropfen lassen und trocken drücken (S. 143).

Butter erhitzen, bis sie Blasen schlägt, Okra hineingeben und unter ständigem Rühren dünsten lassen. Das Gemüse wird anfangen, seinen Saft abzusondern (‹und gemein aussehen›, wie unser Küchenchef, der vom Mississippi stammt, sich ausdrückt). Bei mittlerer bis starker Hitze weiterdünsten lassen und dabei rühren – etwa 35 Minuten. Die Okra soll faserig werden, mozzarellaartig. Durch das Düsten soll die Okra dazu gebracht werden, Saft abzusondern und teilweise einzukochen.

Mais hinzufügen und bei starker Hitze unter ständigem Rühren noch mal 5–10 Minuten kochen.

Zwiebeln, Paprika, Sellerie, Knoblauch und Salz hinzufügen. Ja nicht vom Topf weggehen! Immer weiterrühren – besonders am Topfboden, damit das Gemüse nicht anbrennt.

Pfeffer hineinstreuen, weiterkochen, rühren – bei starker Hitze, bis das Gemisch ganz trocken ist.

Tomaten hineingeben und bei mittlerer Hitze schmoren lassen.

Nun die Einbrenne daruntermischen. Brühe zugießen, je nach gewünschter Konsistenz und Menge. (Der Eintopf darf sich dabei ruhig setzen, von der heißen Platte wegnehmen und dann vor dem Anrichten langsam wieder erhitzt. Unterdessen den Tofu in den ruhenden Eintopf geben, damit er das ganze Aroma in sich aufnehmen kann.)

Abschmecken und anrichten.

Tofu-Miso-Eintopf

Dies kann ein herzhaftes, sättigendes Gericht sein, was keinerlei Beilagen verlangt. Gut schmeckt aber auch brauner bzw. weißer Reis oder Buchweizennudeln dazu. Oder man serviert es mit grünem Salat.

Die Zubereitung besteht aus drei Teilen: der Brühe, dem Gemüse für den Eintopf und der Sauce. Obgleich es vielleicht auf dem Papier kompliziert aussieht, führt ein Schritt zum anderen, und das Gericht ist in einer Stunde fertig.

Das dunkle Sesamöl, das hinein sollte, sorgt für einen rauchigen, nußartigen Geschmack, aber man kann es auch weglassen. Sie bekommen es in Naturkostläden und Reformhäusern.

Miso ist eine Bohnenpaste (mit hohem Proteingehalt), die aus Sojabohnen hergestellt wird. Sie ist ausgezeichnet zum Würzen, man bekommt sie ebenfalls in Naturkostläden.

Fürchten Sie nicht, daß Sie jedes Gemüse verwenden müssen, fünf bis sechs sind ausreichend.

Anmerkung: Bei den für das Gemüse angegebenen Mengen handelt es sich um ungefähre Angaben.

Für die Brühe:

Kochen Sie die Brühe für asiatische Gerichte (S. 79). Nach 20 Minuten die getrockneten Pilze herausfischen, zähe Stiele (falls vorhanden) entfernen, die Köpfe in dicke Scheiben oder Viertel schneiden und beiseite stellen.

Zutaten für 4–6 Personen:

Zur Einleitung des Eintopfs:

2 mittelgroße Zwiebeln, geviertelt
2 Eßlöffel dunkles Sesamöl (oder Soja oder was immer Sie haben)
3 mittelgroße Karotten, geschält und in runde Scheiben geschnitten
2 Selleriestangen, diagonal in 1,2 cm dicke Stücke geschnitten
1 Stück Klettenwurzel, 15 cm lang, gut geschrubbt und in runde Scheiben geschnitten (nicht absolut notwendig)
2 Tassen frische Pilze, halbiert, geviertelt oder ganz, wenn sie klein sind
1 Yam (süße Kartoffel) (etwa 1½ Tassen), der Länge nach in Viertel geschnitten und dann in 1 cm große Stückchen
1 Tasse Steckrüben, wie die Yam geschnitten
1 mittelgroße Kartoffel (etwa 1 Tasse), geschrubbt und wie die Yam geschnitten
5 grobgehackte Zehen Knoblauch
2,5 cm frische Ingwerwurzel, fein gerieben

Zwiebeln in Sesamöl bei mittlerer Hitze etwa 8–10 Minuten in einem schweren Topf dünsten. Dabei häufig rühren, bis sie anfangen, braun zu werden.

Das übrige Gemüse, Knoblauch, Ingwer und die aufgehobenen Pilze hineingeben. Umrühren, bis alles gleichmäßig mit Öl bedeckt ist.

Leicht salzen, mit einem gut schließenden Deckel zudecken, Platte auf klein stellen. Gelegentlich nachsehen, ob genug Flüssigkeit vorhanden ist, damit das Gemüse nicht anbrennt. Falls nötig, etwas Brühe oder Wasser nachgießen.

Für die Sauce:

¼ Tasse Gerstenmehl (Vollkorn oder weiß)
5 Eßlöffel dunkles Sesamöl
2½ Tassen Brühe
5 Eßlöffel roter Miso mit ½ Tasse Brühe gemischt
Sojasauce zum Abschmecken

Gerstenmehl in einer Pfanne ohne Fett bei mittlerer Hitze rösten, bis es duftet, dabei die Pfanne schütteln oder häufig rühren, damit es nicht anbrennt.

Sesamöl hinzufügen, rühren, damit es sich gründlich vermischt, und langsam mit der Brühe ablöschen.

10 Minuten köcheln lassen, gelegentlich umrühren, so daß eine mitteldicke Sauce entsteht.

Von der Platte nehmen und die aufgelöste Misopaste dazugeben. Mit Sojasauce würzen.

Sauce unter sanftem Rühren mit dem schmorenden Gemüse vermischen. Zu diesem Zeitpunkt kann der Eintopf etwas trocken aussehen, aber das Gemüse sondert beim Kochen weiter Flüssigkeit ab.

Wieder gut zudecken und bei niedriger Hitze weiterköcheln lassen.

Und nun zum ‹Finale›:

je 3 Eßlöffel dunkles und helles Sesamöl
1 Block fester Tofu, ausgepreßt und abgetropft (S. 143), in 1 cm große Würfel geschnitten
4–5 grüne Zwiebeln, einschließlich der knackigen grünen Spitzen, in 5 cm lange Stücke geschnitten
frischer Koriander
Chinesischer Pfeffer (Szechwan-Pfeffer) oder schwarzer Pfeffer

Vom dunklen und hellen Öl je 2 Eßlöffel in einer Pfanne oder einem Wok (chinesischer Topf für die Zubereitung von Eintopf) erhitzen. Tofu hineingeben und bei mittlerer Hitze sautieren, bis er goldgelb aussieht.

Tofu und Gemüse zusammengeben.

Zwiebeln im restlichen Öl sautieren, bis sich ihr Duft richtig entfaltet hat.

Vorsichtig unter den Eintopf heben und dabei aufpassen, daß der Tofu nicht auseinanderbricht.

Noch mal etwa 10 Minuten kochen, bis alles Gemüse weich ist.

Mit Koriander und chinesischem Pfeffer garnieren. Chinesischer Pfeffer ist exquisit aromatisch. Wenn Sie ihn nicht bekommen können, nehmen Sie den, den Sie haben.

Tofu Alaska

Der Schüler, in dessen Gepäck sich dieses Rezept befand, kam aus Alaska, daher der Name. Die Aromen erinnern allerdings eher an die Provence oder an Japan.

Zutaten für 4 Personen:

1 Pfund Tofu, gepreßt (S. 143)
1½ Tassen gelbe Zwiebeln, dünn geschnitten
1 Eßlöffel Olivenöl
1 Tasse geschnittene rote Paprika
je 2 große Prisen getrockneter Majoran und Thymian oder 1 Eßlöffel und mehr frische gehackte Kräuter
1–1½ Tassen geschnittene Pilze, gut 1 cm dick
1½ Tassen grobgeriebener Appenzeller
¾ Tasse entkernte, gehackte schwarze Oliven
¼ Tasse feingehackte Zwiebeln
1 Tasse gewürfelte grüne Paprika

Für die Sauce:

2 Eßlöffel fruchtiges Olivenöl
2 Eßlöffel Sherry- oder Balsam-Essig
2 Eßlöffel Mirin (japanischer Kochwein) oder Weißwein
1 gestrichener Eßlöffel roter Miso
1 Eßlöffel Tamari
1 Teelöffel Dijon-Senf
1 Teelöffel gepreßter oder zerdrückter Knoblauch

Backofen auf 170 °C vorheizen

Tofu in 2,5 cm dicke Würfel schneiden, in eine feuerfeste Form legen und im vorgeheizten Ofen 20 Minuten backen.

Flüssigkeit, die sich beim Backen abgesondert hat, abschütten und den Tofu in der Form beiseite stellen. Backofen nicht ausschalten.

Zwiebeln in Olivenöl bei mittlerer Hitze sautieren, bis sie leicht gebräunt sind.

Rote Paprika, Kräuter und Pilze hineingeben. Umrühren, so daß die ganze Mischung mit Öl bedeckt ist, dann bei geringer Hitze das Gemüse ungestört dämpfen lassen, bis es weich ist.

Saucenzutaten in einer kleinen Schüssel vermischen und zu dem gekochten Gemüse geben. Kurz aufwärmen und den Topf vom Herd nehmen.

Käse, Oliven, Zwiebeln und grüne Paprika in die Form mit dem Tofu füllen.

Das fertige Gemüse und die Sauce dazugeben und vorsichtig schwenken.

Form zudecken und noch mal 30 Minuten in den Backofen stellen, bis der Auflauf Blasen schlägt.

Mit weißem oder braunem Reis servieren.

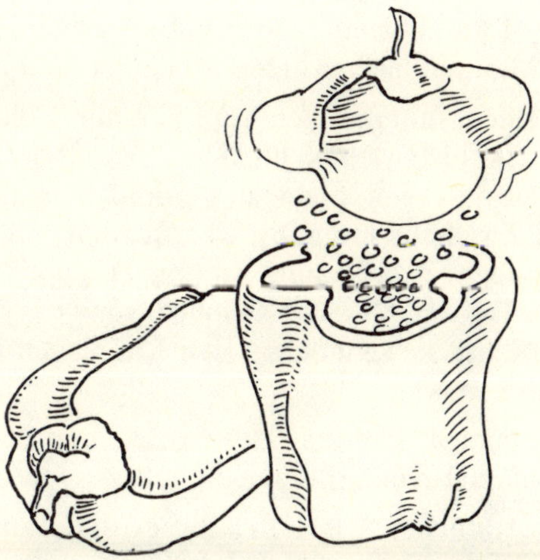

Pilz-Tofu Stroganoff

Dieses saucige, saftige, sättigende Tofu-Gericht ist eines unserer beliebtesten Angebote. Reichen Sie es mit Reis oder Nudeln.

Zutaten für 4 Personen:

- 1 Block (450 g) Tofu, ausgedrückt und abgetropft (S. 143)
- 1 Eßlöffel Olivenöl
- 1 Eßlöffel Butter
- 1 große gelbe Zwiebel, in mittelgroße Würfel geschnitten
- 1 Pfund Pilze (Champignons oder einen Teil Austernpilze oder frische chinesische, wenn erhältlich)
- 2 Teelöffel feingehackter Knoblauch
- ½ Teelöffel Paprikapulver
- 1 Teelöffel Hefeextrakt
- 1 Prise getrockneter Thymian (oder ½ Teelöffel frischer gehackter Thymian)
- 1 Eßlöffel Tamari- oder Sojasauce
- Salz und frisch gemahlener Pfeffer
- ½ Tasse trockener Sherry oder Rotwein
- 1 Tasse Pilz- oder Gemüsebrühe
- 1½ Tassen Sauerrahm

Backofen auf 180 °C vorheizen.

Den marinierten Tofu auf einem schrägen Brett abtropfen lassen, während Sie die übrigen Zutaten zusammenstellen und vorbereiten. Tofu in Streifen oder Würfel schneiden und bei 170 °C etwa 10 Minuten backen. Herausnehmen und zur Seite stellen.

In einem mittelgroßen Topf je einen Eßlöffel Öl und Butter erhitzen, die Zwiebeln hineingeben und bei hoher Hitze sautieren, bis sie anfangen, braun zu werden, dann die Hitze reduzieren und die Zwiebeln sorgfältig weiterrösten, bis sie rundherum braun aussehen, dabei häufig rühren. Das wird etwa 15 Minuten dauern. Während Sie die Zwiebeln ganz gar dünsten, Pilze in ½ cm dicke Stücke schneiden, den Knoblauch hacken und die Brühe aufwärmen.

Knoblauch, Paprika, Hefeextrakt und die Prise Thymian (oder frischen Thymian) unter die fertigen Zwiebeln mischen.

Die restlichen 4 Eßlöffel Butter und Tamari hinzufügen. Wenn die Butter zerlassen ist, Pilze hineingeben; salzen, pfeffern und sorgfältig rühren. Sobald die Pilze zu kochen beginnen, Tofu und Sherry oder Wein dazugeben und 8–10 Minuten blubbern lassen.

Die heiße Brühe mit der sauren Sahne verquirlen und zu den fertigen Pilzen in die Pfanne geben.

Kochen, bis die Sauce heiß und so dick ist, wie Sie sie haben wollen. Lassen Sie sie aber nicht zu lange kochen, da die Sahne sonst gerinnt.

Gewürze abschmecken und mit Reis oder Eiernudeln servieren.

Andere beliebte Hauptgerichte

Dieser Teil, in dem Sie Rezepte finden, die in die vorhergehenden Kapitel nicht recht hineinpaßten, besteht aus nahrhaften Gerichten, denen es nicht an Deftigkeit, Aroma oder Käse fehlt (ja sogar Pasta ist mit Käse garniert). Dies sind keine Gerichte, nach deren Genuß Sie hungrig vom Tisch aufstehen, außer manche ganz eingefleischten Fleischesser. Langen Sie zu!

Beim Überfliegen der Liste sehe ich eine große Auswahl: ein paar Eiergerichte, zwei Maisspeisen, ein Nudelgericht, einen Kartoffelauflauf, ein Moussaka, einen Tortilla-Auflauf und einen unserer augenblicklichen «Renner», Käse-Nußhackbraten. Da bin ich doch beeindruckt: Diese Leute essen gut . . . wirklich nicht schlecht für so einen einsamen Zen-Badekurort in den Bergen.

Doch der wahre Test dafür ist nicht mein Gerede, sondern Ihr Gaumen und Ihr Magen. Wie gefällt es dir da oben, Topeka?

Und wir kochen noch immer

In jedem Augenblick, da wir diese Mahlzeit zubereiten,
können wir zu Staub werden, tausende Meter hoch
in der Luft, um schon bald
hinabzufallen, giftig, auf Laub,
Farn und Fell. Alles um uns
würde aufhören zu sein.

Und wir kochen noch immer,
stellen tausend langgehegte
Träume auf den Tisch, um denen Nahrung
und Sicherheit zu geben, die uns lieb und nah sind.

So kochend, sage ich Lebewohl.
Stets habe ich behauptet, daß nur du an allem schuld bist.
In letzter Minute gingen mir die Augen auf,
und ich sehe dich an mit all
der Liebe und dem Verzeihen,
so lang von mir verdrängt.

Ohne Zukunft
haben wir nichts,
wofür wir kämpfen müssen.

Mögen alle Wesen glücklich, gesund und frei von Leiden sein!

Überbackene Kartoffeln mit Rauchkäse

Diese Kartoffeln empfehlen sich besonders mit kühlem Apfel- oder Birnenmus und im Herbst mit Quittenmus. Die Mischung von rauchigem Aroma, üppiger Sahne und dem Duft nach Quitten verspricht ein vollkommenes Herbstabendbrot.

Zutaten für 6 Portionen:

3 Eßlöffel Butter
1 Knoblauchzehe, mit der Breitseite eines Messers zerdrückt
1 Tasse Gruyere, gerieben
½ Tasse geräucherter Käse, gerieben (geräucherter Gouda, geräucherter Mozzarella oder Bruderbasil)
2 Pfund rote Kartoffeln
Salz und frisch gemahlener schwarzer Pfeffer
2 Tassen Milch
1 Tasse Sahne, mit einem Eßlöffel Mehl vermischt
½ Tasse Semmelbrösel

Backofen auf 180 °C vorheizen.

Boden und Seiten einer 3-Liter-Auflaufform reichlich mit einem Eßlöffel Butter und dem Knoblauch einreiben. Knoblauch wegwerfen (es sei denn, Sie wollen ihn in die zerlassene Butter pressen, die später darübergegossen wird).

Beide Käsesorten vermischen.

Kartoffeln mit Schale waschen und in gleichmäßig runde, 0,5 cm dicke Scheiben schneiden. Eine Schicht Kartoffeln in die Auflaufform legen, Salz, Pfeffer und die Hälfte des Käses daraufgeben, das gleiche noch mal und mit einer Schicht gleichmäßig übereinandergelegter Kartoffeln abschließen. Die oberste Schicht salzen und pfeffern.

Milch heiß machen und über die Kartoffeln gießen, dann die Sahne-Mehlmischung.

Semmelbrösel gleichmäßig darüberstreuen. Die restliche Butter zerlassen (mit dem gepreßten Knoblauch?) und über die Semmelbrösel tröpfeln.

Im vorgeheizten Ofen etwa 1¼ Stunden backen, bis Milch und Sahne eingekocht und die Kartoffeln weich sind, wenn man sie mit einer Gabel ansticht.

Käse-Nußhackbraten

Dieser vegetarische Hackbraten ist ein üppiges, sättigendes Essen, sehr beliebt auch in den Sommermonaten. Noch besser aber schmeckt es bei kaltem Wetter; und weil dieser Hackbraten so etwas Besonderes ist, wird er oft an Thanksgiving oder als Weihnachtsessen aufgetragen.

Zutaten für 1 ‹Hackbraten› Ø 22 cm:

2 Eßlöffel Butter oder Öl
1 Zwiebel, in 1, 2 cm große Stücke gewürfelt
1½ Tassen gehackte Pilze
2 Zehen Knoblauch, fein gehackt
1 kleine grüne Paprika, in kleine Vierecke geschnitten
je 1 Teelöffel getrockneter Thymian, Bohnenkraut und Majoran
½ Teelöffel getrockneter Salbei
Salz und frisch gemahlener Pfeffer
1½ Tassen gekochter brauner Reis
1½ Tassen Walnüsse, gemahlen oder sehr fein gehackt
½ Tasse Cashew-Nüsse, gemahlen oder sehr fein gehackt
4 Eier
1 Tasse Hüttenkäse
¾ Pfund geriebener Käse: Cheddar, Gruyere, Appenzeller, Rauchkäse, einzeln oder kombiniert (egal, welchen Sie nehmen, verwenden Sie auch etwas Parmesan)
¼ Tasse gemischte frische Kräuter wie Petersilie, Oregano, Thymian

Backofen auf 180 °C vorheizen.

Butter und Öl in einer Pfanne erhitzen und die Zwiebeln weich dünsten.

Pilze, Knoblauch, Paprika, getrocknete Kräuter und etwas Salz und Pfeffer dazugeben. Dünsten, bis Pilze und Paprika weich sind.

Das gare Gemüse in eine große Schüssel geben, die übrigen Zutaten hinzufügen und gut vermischen.

Abschmecken. Sie können jetzt ruhig schwach salzen, denn das Salz des Käses wird später stärker herauskommen.

Boden und Seiten einer Kastenform mit Backpapier oder Alufolie auslegen; lassen Sie dabei auf jeder Seite einen etwa 8 cm breiten Rand überhängen. Die ausgelegte Form einschließlich der Ränder gründlich einfetten.

Käse-Nußmischung in die Form geben, ein- oder zweimal fest auf den Küchentisch schlagen, damit die Blasen verschwinden, Oberfläche mit einem Teigschaber glattstreichen.

Die überhängende Folie oben zusammenfalten. Bei 180 °C etwa eine Stunde backen, bis alles fest ist.

Form zum Abkühlen auf einen Rost stellen und 5–10 Minuten setzen lassen. Papier abziehen und den ‹Hackbraten› zum Anrichten auf eine Platte geben.

Mit Gemüse oder Tomaten garnieren oder mit einer Hefesauce und Petersilie servieren, vielleicht etwas geriebenen Käse obendrauf.

Nußhackbratensauce (S. 103), Pilz- oder Béchamelsauce dazu reichen.

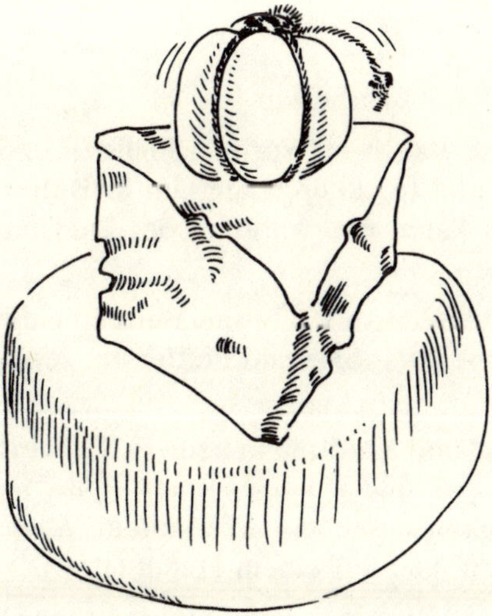

Frühlingsgemüsepastete

Solche Pasteten aus frischem Gemüse, in einer Ei- und Käsesauce gebacken, sind ausgesprochen elegant. Außerdem sind sie leicht zuzubereiten und dabei nahrhaft und sättigend. Diese ist mit vielen Farben herausgeputzt, die beim Aufschneiden sehr schön zur Geltung kommen. Wir reichen dazu gewöhnlich Sauerampfer- oder Béchamelsauce.

Zutaten für eine Pastete ∅ 22 cm für 4–6 Personen:

1 große Stange Lauch, vornehmlich das Weiße, oder eine mittelgroße Zwiebel
Butter zum Dünsten
¼ Tasse Weißwein
½ Tasse feingeschnittene Pilze
Salz und Pfeffer
½ Tasse frische Erbsen
½ Tasse Spargelspitzen und dünngeschnittene Stangen
½ Tasse Karotten, klein gewürfelt
½ Strauß Spinat (etwa eine Tasse)
1¼ Tassen Milch oder flüssige Sahne
3 Eßlöffel Butter
5 Eßlöffel Semmelbrösel
5 Eier
½ Teelöffel Salz
weißer Pfeffer
1 Tasse geriebener Käse, Gruyere oder Appenzeller

Backofen auf 160 °C vorheizen.

Das Weiße vom Lauch in Würfel schneiden und gründlich von Sand reinigen und trocknen. Langsam in Butter weichdünsten. Den Weißwein kann man während des Dünstens zugeben und einkochen lassen.

Lauch herausnehmen, noch etwas Butter in die Pfanne geben und die Pilze mit etwas Salz und Pfeffer bei geringer Hitze weich dünsten.

Erbsen, Spargel und Karotten in heißem Salzwasser blanchieren, bis sie gerade gar sind – noch immer etwas hart. In ein Sieb gießen, Flüssigkeit aufheben. Mit kaltem Wasser abschrecken, abtropfen lassen oder auf einem Handtuch trocknen.

Spinat entstielen, Blätter in feine Streifen schneiden und kurz in kochendem Salzwasser blanchieren. Mit kaltem Wasser abschrecken und zum Abtropfen beiseite stellen, wobei sie den

Großteil der Flüssigkeit mit den Händen herausdrücken können. Das Kochwasser und den Spinatsaft kann man für Brühe oder Suppe aufheben.

Milch oder Sahne mit der Butter erhitzen, bis diese geschmolzen und die Milch ziemlich warm ist.

Eine Kastenform reichlich einfetten und mit Semmelbröseln (die köstlich, aber nicht wesentlich sind) bestreuen.

Eier mit Salz und ein ganz klein wenig weißem Pfeffer verquirlen und nach und nach die Milch darunterschlagen. Gemüse, Käse und die restlichen Semmelbrösel hinzufügen. Abschmecken und gegebenenfalls nachsalzen.

In die vorbereitete Form geben. Die Kastenform in eine mit 2–5 cm fast kochendem Wasser gefüllte größere Backform stellen. (Sie können erst beide Formen in den Backofen schieben und dann das Wasser hineingießen.)

Bei 160 °C 50–60 Minuten im Wasserbad stehen lassen, bis die Pastete in der Mitte fest und oben goldgelb ist. Ein paar Minuten setzen lassen, bevor Sie sie aus der Form nehmen.

Das Ganze auf einer Platte anrichten mit Sauce darüber und/oder darunter. Oder vor dem Anrichten aufschneiden, zuunterst die Sauce geben und die Scheiben obendrauf legen, so daß die Farben gut zu sehen sind.

Varianten: Der Auflauf kann auch mit einem einzigen Gemüse zubereitet werden, obwohl die Zwiebeln eine besonders aromatische und wohlschmeckende Zutat sind.

Sie können andere Kombinationen von Gemüse verwenden: Mangold, Kartoffeln, Mais, Paprika.

Für eine «Chawan Mushi»-Variante: Lassen Sie die Milchprodukte weg. Machen Sie die Sauce aus Eiern und dem Saft des gekochten Gemüses, und lassen Sie den Käse weg.

Gemüse wie oben vorbereiten und das Ganze ebenso backen, obwohl es sich wahrscheinlich nicht so gut schneiden lassen wird. Man backt oder dämpft es besser in kleinen Keramik- oder feuerfesten Förmchen.

Chili-Rellenos-Soufflet

Dieses Soufflet schmeckt besonders gut mit einer frischen roten Salsa (Sauce), (der roten Sauce beim Tortilla-Topf [S. 176] zum Beispiel). Das Rezept ist einfach. Von all unseren Souffletrezepten klappt dieses immer wieder sehr gut. Das Soufflet ist aromatisch und sieht rötlich-golden aus. Und die mit Käse gefüllten Chilischoten, die sich darin verbergen, sorgen für eine angenehme Überraschung.

Für die Chilis:

6 große, frische oder eingemachte grüne Chilis
1½–2 Tassen grobgeriebener Emmentaler, Cheddar oder Mozzarella

Die frischen Chilis direkt über einer Flamme rösten, bis ihre Haut vollkommen verkohlt ist. (Chilis aus der Dose kann man so füllen.)

In eine Schüssel mit Deckel geben und 15 Minuten räuchern lassen. Dann die Haut abschälen, abspülen und trocken tupfen. (Verwenden Sie Chilis aus der Dose, gründlich mit frischem Wasser waschen und abtrocknen.)

Samen herausnehmen, indem Sie den Stiel mit einem kleinen Messer entfernen und den Samenstrang dabei mitherausziehen.

Chilis locker mit Käse füllen, dann nebeneinander in eine gebutterte 1½-Liter-Auflaufform legen.

Für das Soufflet:

2 Eßlöffel Butter
1 Tasse feingehackte grüne Zwiebel, das Grüne und das Weiße
¼ Teelöffel Salz
¼ Teelöffel Paprikapulver
1 Teelöffel Chilipulver
2 Eßlöffel Mehl
1 Tasse Milch oder flüssige Sahne
¾ Tasse geriebener Cheddar, Emmentaler oder Mozzarella
3 getrennte Eier
2–3 Eßlöffel frische Kräuter (Petersilie, Koriander, Oregano)

Butter in einem Topf zerlassen und bei geringer Hitze die Zwiebeln darin weichdünsten.

Salz, Paprikapulver, Chilipulver und Mehl dazugeben. Bei niedriger Hitze 5 Minuten weiterdünsten lassen, dabei häufig rühren.

Nach und nach die Milch hineingeben und weiterkochen, dabei nicht aufhören zu rühren, bis die Mischung anfängt, dick zu werden.

Topf vom Herd nehmen und den Käse hineinrühren.

Eigelb in einer kleinen Schüssel schaumig schlagen und langsam etwa eine Tasse von der Sauce hineinrühren, damit das Eigelb warm wird. Die Eimischung in die Sauce zurückgießen und gut verrühren.

Abschmecken und gegebenenfalls mehr Salz oder Chilipulver dazugeben.

Eiweiß steif schlagen und zusammen mit den frischen Kräutern unter die Sauce heben.

Die Mischung über die Chilis geben und bei 160 °C backen, bis das Soufflet aufgegangen ist und sich fast gesetzt hat, etwa 40 Minuten.

Sofort anrichten.

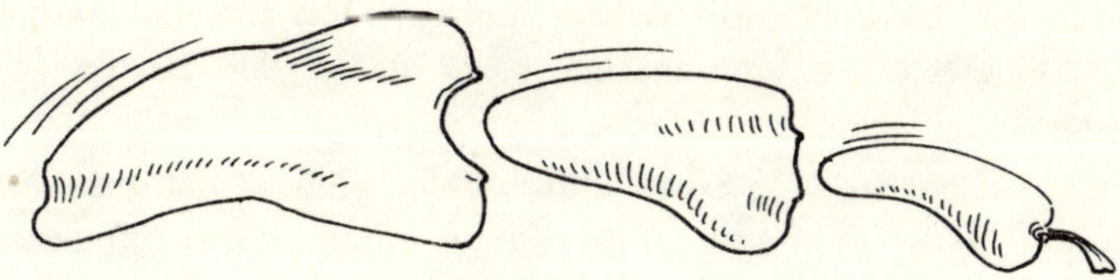

Nudeln mit Broccoli in Senfbutter

Dies ist unsere Standard-Sommer-Pasta geworden, mit einem Aroma ebenso intensiv wie ihre Farben. Nudeln und Gemüse kochen zusammen, ehe sie in der Senfbutter geschwenkt werden. Für dieses Gericht eignet sich eine große Anzahl von Gemüsen (siehe Varianten).

Zutaten für 4 Personen:

½ Tasse Butter (wahlweise auch Oliven- oder Sojaöl)
3 Eßlöffel Dijon-Senf
2 Zehen Knoblauch
2 Eßlöffel Petersilie
2 Eßlöffel Schnittlauch, fein geschnitten oder grüne Zwiebel, geschnitten oder fein gehackt
1 Eßlöffel Öl
Salz und Pfeffer
2 Tassen Broccoli, in kleine Röschen geschnitten
¾ Pfund Pasta, Bandnudeln (Fettucine)

Butter rechtzeitig aus dem Kühlschrank nehmen, damit sie weich wird. Die weiche Butter mit dem Senf mischen.

Knoblauch schneiden und im Mörser mit einer großen Prise Salz zerstampfen. Wenn er ziemlich breiig ist, Petersilie und Schnittlauch (oder grüne Zwiebeln) dazugeben und noch ein wenig weiterstoßen, damit sich das Aroma entfaltet.

Mischung mit etwas schwarzem Pfeffer unter die Butter mengen.

In einem großen Topf reichlich Wasser mit einem Teelöffel Salz und einem Eßlöffel Öl zum Kochen bringen.

Nudeln in das kochende Wasser fächern. Mit frischen Nudeln Broccoli gleich mit hineingeben, sonst erst in den letzten zwei Minuten.

Sobald sie gar sind, in einen Durchschlag gießen, dann die Nudeln und Broccoli in eine große Pfanne geben, wobei ruhig noch etwas Wasser mit hineintröpfeln kann.

Die vorbereitete Butter hinzufügen und bei mäßiger Hitze Pasta und Gemüse darin schwenken, bis alles überall gleichmäßig bedeckt ist. Dabei die Hitze so niedrig halten, daß die Butter keine Blasen schlägt oder brät – das verändert das Aroma.

Abschmecken und gegebenenfalls Salz und Pfeffer zugeben.

Varianten: Die einfachste besteht darin, einige Broccoliröschen gegen solche von Blumenkohl auszutauschen. Für zusätzlichen Farb- und Geschmackeffekt ein paar geschnitzelte Karotten hineingeben.

Eine weitere Möglichkeit sind Zucchini oder Eierkürbis, Tomaten, Erbsen und Karotten. Kürbis in 5 cm große Stücke und dann der Länge nach in Streifen schneiden. Karotten fein schnitzeln und die Tomaten halbieren. Kürbis, Erbsen und Karotten mit den Nudeln kochen wie im Grundrezept. Tomaten mit den Nudeln in der Sauce schwenken.

Moussaka

Diese wunderbar aromatische vegetarische Interpretation des traditionellen griechischen Auberginenauflaufs ergibt ein sehr reichliches Essen. Zum Schluß sind drei Teile in einem Auflauf vereint: Auberginen, eine Tomatensauce und eine weiße Sauce.

Tip: Kochen Sie die weißen Bohnen für die Tomatensauce, bevor Sie mit den anderen Vorbereitungen beginnen.

Zutaten für 4–6 reichliche Portionen

Für die Auberginen:

2 Stück 1–1¼ Pfund Auberginen (2–2½ Pfund im ganzen)
Olivenöl
Salz

Backofen auf 220 °C vorheizen

Auberginen 1,5 cm dick schneiden, in einen Durschlag schichten und jede Schicht salzen. Die gesalzenen Auberginenscheiben pressen, indem Sie einen Teller darauflegen, den Sie beschweren, zum Beispiel mit einer Dose (oder etwas anderem, das Sie in Ihrer Küche finden).

Stehen lassen, bis der bittere Saft auf der Oberfläche der Auberginen Bläschen wirft – etwa 30 Minuten.

Beide Seiten mit Olivenöl bestreichen und im vorgeheizten Ofen braun backen. Die Unterseite wird bereits nach 10–15 Minuten braun. Drehen Sie die Scheiben um, und backen Sie noch mal 10 Minuten die andere Seite. Temperatur auf 190 °C zurückschalten und die Auberginen herausnehmen.

Für die Tomatensauce:

3 Eßlöffel Olivenöl
1 mittelgroße Zwiebel, klein gehackt
2 große Knoblauchzehen, fein gehackt
½ Teelöffel getrockneter griechischer Oregano (oder anderer)
½ Teelöffel Paprikapulver
1 Teelöffel Zimt, frisch gemahlen
1 große Prise gemahlene Nelken
1 Teelöffel Salz
½ Tasse Petersilie, feingehackt

2 Tassen reife Tomaten, geschält, entkernt und gehackt (oder aus der Dose, wenn frische nicht zu haben sind)
¾ Tasse Rotwein

⅔ Tasse weiße Bohnen, in 1½ l Wasser mit einem Lorbeerblatt, 3–4 Salbeiblättern und 4 Knoblauchzehen 2–2½ Stunden oder im Dampftopf 12 Minuten, gekocht

Olivenöl erhitzen und Zwiebeln und Knoblauch bei mittlerer Hitze dünsten, bis die Zwiebeln anfangen, weich zu werden.

Kräuter und Gewürze zugeben und weiterdünsten, bis die Zwiebeln völlig weich sind. Bei höherer Temperatur Wein und Bohnen zugeben. Aufkochen und bei geringerer Hitze langsam dick werden lassen.

Abschmecken und gegebenenfalls nachwürzen.

Für die weiße Sauce:

⅓ Tasse Sahne
1½ Tassen Milch
1½ Eßlöffel Butter
1½ Eßlöffel Mehl

2 Eigelb
⅓ Pfund Ricotta
1 Tasse geriebener Parmesan
Muskat, Salz und weißer Pfeffer

Milch und Sahne erhitzen. Butter in einer Sautierpfanne zerlassen, Mehl zugeben und 5 Minuten garen.

Mit der warmen Milch-Sahne-Mischung ablöschen.

Rühren, bis die Sauce dick wird, und bei geringer Hitze 20 Minuten köcheln lassen, dabei gelegentlich umrühren.

Vom Herd nehmen und langsam das Eigelb darunterschlagen, Ricotta und die Hälfte des Parmesans zugeben.

Mit Muskat, Salz und weißem Pfeffer abschmecken.

Und nun das Moussaka:
Boden einer 3-Liter-Auflaufform mit einer dünnen Schicht Tomaten-Bohnensauce bedecken. Die Hälfte der Auberginen darauf anordnen, Salz und Pfeffer und den aufgehobenen Parmesankäse darüberstreuen. Die restliche Tomatensauce über der ganzen Oberfläche verteilen. Mit den übrigen Auberginen, Salz und Pfeffer bedecken, dann die weiße Sauce darübergießen.

Im vorgeheizten Ofen 40 Minuten backen, bis sich der Auflauf oben gesetzt hat und braun aussieht. Aus dem Ofen nehmen und 20 Minuten ruhen lassen, bevor Sie ihn servieren.

Tortilla-Topf

Ich weiß nicht, ob dies eigentlich ein echt mexikanisches Rezept ist, aber es ist scharf und bunt – und herrlich verschwenderisch, nicht was Geld betrifft, sondern die Großzügigkeit. Eine rote, eine grüne Sauce, Bohnen, Käse, Tortillas und Chilis, vereint in einer Art ‹Dagwood›-Sandwich.

Bohnen und rote Sauce verlangen gerösteten Kümmel und gerösteten Oregano; das können Sie also gleichzeitig tun, aber aufpassen, daß Sie den Kümmel vor dem Oregano hineingeben.

Serrano-Chilis sind ziemlich klein und zylindrisch (etwa 4–5 cm lang und 3 mm im Durchmesser). Am schärfsten sind die Samen, seien Sie also vorsichtig (manche Leute ziehen Gummihandschuhe an). Wenn Sie's scharf mögen, lassen Sie die Samen drin.

Zutaten für 4–6 Personen:

Für die Bohnen:

½ Tasse schwarze oder rote Bohnen
2 Tassen Wasser
¼ Teelöffel Kümmelsamen, geröstet und gemahlen
¼ Teelöffel Oregano, geröstet
½ Teelöffel Paprikapulver
Salz zum Abschmecken
¼ Teelöffel Chilpottle-Paprikas aus der Dose, fein gehackt, oder Knoblauch und rote Paprika

Bohnen verlesen und alle kleinen Steinchen und andere Fremdkörper entfernen. Spülen und mit 2 Tassen Wasser 2 Stunden oder im Dampftopf 20 Minuten kochen.

Abtropfen lassen und übriges Wasser aufheben. Die Bohnen teilweise zerdrücken, dabei das aufgehobene Wasser zugeben, damit sie sämig werden.

Mit Salz abschmecken und die Gewürze zugeben. Obwohl es eigentlich keinen echten Ersatz für Chilpottle-Paprika gibt, können Sie mit etwas Knoblauch oder roter Paprika versuchen, die Bohnen schärfer zu machen.

Für die rote Sauce:

1 mittelgroße gelbe Zwiebel, geschnitten
2 Zehen Knoblauch, fein gehackt
Öl zum Sautieren
1 oder 2 Serrano-Chilis, entkernt und grob gehackt, oder rote Paprika oder Cayenne (nach Geschmack)
2½ Tassen geviertelte Tomaten
½ Teelöffel Kümmelsamen, geröstet und gemahlen
½ Teelöffel Oregano, geröstet und sehr fein gemahlen
Salz und Pfeffer

Zwiebeln und Knoblauch kurz in Öl sautieren. Chilis dazugeben und ein paar Minuten weiterbraten.

Tomaten und Gewürze zugeben.

15–20 Minuten köcheln lassen. Wenn Sie eine glatte Sauce wollen, streichen Sie sie durch ein Sieb oder pürieren sie im Mixer.

Für die grüne Sauce:

1½ Tassen grüne Tomaten
1 mittelgroße rote Zwiebel, geschnitten
1 Knoblauchzehe, grob gehackt
1 Serrano-Chili, entkernt, grob gehackt
4–5 Stengel Korianderblätter, fein gehackt
⅓ Tasse Wasser (Kochflüssigkeit der grünen Tomaten)
Salz

Tomaten schälen und mit Wasser bedecken, köcheln lassen, bis sie weich, aber nicht matschig sind. Abgießen und die Flüssigkeit aufheben.

Zwiebeln und Knoblauch einige Minuten sautieren, Chilis hinzufügen und weiter sautieren.

Die fertigen grünen Tomaten, Koriander und Kochwasser (nach Bedarf) dazugeben und salzen. 15–20 Minuten köcheln lassen.

Durch ein Sieb streichen, wenn Sie die Sauce glatt haben wollen.

Für den Tortilla-Topf:

12 Mais-Tortillas
Maisöl
2 Tassen milder Cheddar, gerieben
1 Tasse geriebener Emmentaler
½ Tasse geriebener Parmesan
115-g-Dose grüne Chilis
1 Tasse Sauerrahm oder Crème fraîche

Die Maisfladen in heißem Öl kurz braten, 5–10 Sekunden je Seite. Auf Küchenpapier abtropfen lassen.

Backofen auf 180 °C vorheizen. Form einfetten und folgendermaßen füllen (von unten nach oben):

½ des Cheddar
½ der roten Sauce
½ der Bohnen
4 Tortillas
Emmentaler und Parmesankäse
die ganze grüne Sauce
Chilis

4 Tortillas
½ des Cheddar
½ der roten Sauce
½ der Bohnen
4 Tortillas

Wenn die Saucen warm sind, im vorgeheizten Ofen etwa 30 Minuten backen; länger, wenn sie kalt waren. Der Tortilla-Topf braucht nur noch heiß gemacht zu werden, nicht mehr zu kochen.

Sauerrahm oder Crème fraîche vor dem Anrichten obendrauf geben.

Polenta und Pilze überbacken

Polenta muß eine der köstlichsten Arten sein, Mais zu essen, die es gibt. Pilze und Käse veredeln ihn sogar noch mehr.

Es ist ein Rezept in vier Stufen, aber das Verfahren ist einfach und das Ergebnis sehr erfreulich. Zunächst wird die Polenta gekocht, und während sie abkühlt und fest wird, schneidet man die Pilze und gart sie. Ihre Flüssigkeit, wenn welche übrig ist, wird für den dritten Teil, die Sahnesauce, aufgehoben. Der vierte Schritt besteht darin, das Gratin zusammenzustellen, was man Stunden vor dem Backen tun kann.

Zutaten für 4–5 Portionen:

Für die Polenta:

1 Eßlöffel Butter
4 Tassen kochendes Wasser mit einem Teelöffel Salz
1½ Tassen grobes Maismehl

Butter in kochendem Wasser schmelzen, dann das Maismehl hineinschlagen. Bei reduzierter Hitze 25 Minuten kochen, dabei ständig rühren. Die Mischung soll sehr dick werden.

Polenta in eine ungefettete Kastenform gießen, die Oberfläche glatt streichen und zum Kühlen und Setzen beiseite stellen.

Für die Pilze:

je 2 Eßlöffel Butter und Olivenöl
1 Pfund Pilze, ½ cm dick geschnitten
15 g getrocknete italienische, japanische oder chinesische Pilze, eingeweicht und geschnitten (nach Belieben)
2 Knoblauchzehen, sehr fein gehackt
Salz und frisch gemahlener Pfeffer
1½ Teelöffel frische Thymianblätter, gehackt, oder ½ Teelöffel getrockneter Thymian

Butter und Olivenöl in einer Pfanne erhitzen. Pilze hineingeben, schütteln, bis sie rundum voll Öl sind, dann Hitze reduzieren. Wenn getrocknete Pilze verwendet werden – eingeweicht und geschnitten –, gibt man sie jetzt hinein.

Knoblauch, Salz, Pfeffer und Thymian zugeben. Kochen, bis die Pilze Wasser abgeben. Abtropfen lassen und den Saft aufheben; die Pilze beiseite stellen.

Für die Sahnesauce:

2 Eßlöffel Butter
2 Eßlöffel Mehl
Salz und frisch gemahlener Pfeffer
Muskat, frisch gemahlen
die restliche Pilzflüssigkeit zusammen mit genügend Milch oder flüssiger Sahne, damit es 2 Tassen Sauce ergibt

Butter in einem Topf bei mittlerer Hitze zerlassen. Mehl dazugeben und 3–4 Minuten köcheln lassen. Mit der Flüssigkeit ablöschen und weiterkochen, dabei rühren, bis die Sauce dick wird.

Mit Salz, Pfeffer und Muskat würzen. Bei niedriger Hitze 10 Minuten köcheln und rühren. Seien Sie mäßig mit dem Muskat; das Aroma wird sonst zu stark.

Zusammenstellung des Gratins:

½ Tasse frisch geriebener Parmesan
1 Tasse geriebener Emmentaler (oder Appenzeller)
frische Kräuter zum Garnieren.

Backofen auf 150 °C vorheizen. Eine Auflaufform (20 cm hoch für zwei Schichten oder eine große flache Form für eine Schicht) leicht einfetten.

Polenta stürzen und in 1,5–2 cm dicke Stücke schneiden.

Etwas Sahnesauce auf dem Boden der Form verteilen und die Polenta darauf anordnen. Darüber die Hälfte der Zwiebeln, den halben Parmesan und Emmentaler, etwas Pfeffer und die Hälfte der restlichen Sauce verteilen.

Die übrige Polenta und Zutaten in derselben Reihenfolge anordnen, wobei Sie mit der Sauce abschließen.

Zugedeckt 30 Minuten backen lassen, bis das Gratin kochend heiß ist. Das dauert länger, wenn die Zutaten bereits alle abgekühlt waren . . . Deckel abnehmen und weitere 5 Minuten bakken.

Mit frischem Grün garniert servieren: feingehackte Petersilie oder eine Mischung aus Thymian- und Majoranblättern.

Polenta-Auflauf mit Auberginen und Tomatensauce

Ich finde dieses Gericht immer köstlich und anregend, besonders mit einem guten Pinot Noir. Die Polenta sorgt für einen angenehm erdigen Geschmack im Gegensatz zu den eher «krautigen» Eigenschaften der Auberginen und der Tomatensauce und zu dem üppigen Käse. Das Gericht besteht aus mehreren Teilen, ist aber keineswegs mysteriös oder umfangreich. Es dauert ein wenig, aber es ist Zeit, aus der Leben entsteht, gut verbrachte Zeit.

Zutaten für 4–6 Personen:

Für die Polenta:

1 Tasse grobes Maismehl
3 Tassen Wasser
1 Prise Salz
⅓ Tasse geriebener Käse (Appenzeller, Edamer, Schweizerkäse oder was immer Sie haben)
⅙ Tasse geräucherter Käse, gerieben (oder mehr vom oberen)
1–2 Eßlöffel Butter

Maismehl in 3 Tassen kochendes Salzwasser rühren. Bei mäßiger Hitze köcheln lassen. Nehmen Sie, wenn Sie haben, einen schweren Topf oder rühren Sie häufig, damit der Mais nicht anbrennt.

Geriebenen Käse und Butter hineingeben. (Das ist eine gute Gelegenheit, trockenen Käse, den man so nicht mehr essen kann, zu verwenden. Etwas Rauchkäse gibt dem Ganzen eine besondere Note, ist aber, allein verwendet, zu stark.)

In Pfannen füllen, etwa 2,5 cm dick und vollkommen abkühlen lassen.

Für die Tomatensauce:

1 mittelgroße rote Zwiebel, gewürfelt
Olivenöl zum Braten
2 Zehen Knoblauch, gepreßt oder sehr fein gehackt
½ Tasse Rotwein
2 500-g-Dosen Tomaten, abgetropft und in große Stücke geschnitten
Salz und Pfeffer
2 Eßlöffel frisches Basilikum, fein gehackt

Zwiebeln in Öl sautieren, bis sie weich sind, Knoblauch dazugeben und 2 Minuten weiterbraten.

Rotwein dazugeben und unter Rühren einige Minuten garen.

Tomaten hinzufügen und längere Zeit köcheln lassen: 40 Minuten bis zu einer Stunde und mehr.

Für die Auberginen:

1 Aubergine, in gabelgroße Stücke geschnitten, oder 4 kleine Auberginen, in 2 cm dicke Scheiben geschnitten

Olivenöl
Salz
Oregano, getrocknet oder frisch

Die Auberginenstücke mit Öl einstreichen und mit Salz und Oregano bestreuen. Bei 180 °C etwa 45–50 Minuten weich backen. Nach etwa 25 Minuten die Scheiben umdrehen.

Zusammenstellung des Auflaufs:

1 Tasse geriebener Appenzeller (oder Emmentaler oder Gruyere)

½ Tasse geriebener Parmesan

Die abgekühlte Polenta in beliebig große Stücke schneiden.

Zutaten in einer großen Auflaufform übereinanderschichten: Sauce, Polenta, Auberginen, Käse, Sauce, Auberginen, Sauce, Käse; oder eine etwas einfachere Zusammenstellung: Sauce, Polenta, Käse, Auberginen, Sauce, Käse.

Zugedeckt bei 180 °C backen, bis alles heiß ist, etwa 45 Minuten. Die letzten 5 Minuten den Deckel wegnehmen, so daß der Auflauf oben leicht braun wird.

Religiöses Leben

Es waren einmal zwei Freunde. Beide wurden Mönche und traten zusammen ins Kloster ein. Sie waren ihren religiösen Pflichten sehr ergeben, und dennoch genossen sie es beide, hin und wieder zu rauchen. Der klösterliche Alltag war streng, aber sie fanden tagsüber Augenblicke der Muße, um bei einer Zigarette zu entspannen.

Als die Freunde ins Kloster eintraten, hatten sie zunächst geglaubt, sie würden das Rauchen aufgeben; doch bald entdeckten sie, daß es ihnen, während sie über die Geschehnisse des Tages sprachen, im Gegenteil besonderes Vergnügen bereitete, ihre Zigaretten anzuzünden, den Rauch einzusaugen und zu beobachten, wie er in Ringen aufstieg und langsam verflog. So mußten sie feststellen, daß auch nach zwei Jahren klösterlichen Lebens ihre Liebe zum Rauchen eher zu- als abgenommen hatte.

Eines Tages, als sie so dasaßen und rauchten, sprachen sie darüber und kamen zu dem Ergebnis, daß sie einen Weg finden müßten, ihr religiöses Leben mit dem Rauchen in Einklang zu bringen. «Wir sind nun schon eine ganze Weile hier, und da wir das Rauchen nicht aufgeben wollen, müssen wir einen Weg finden, es Teil unseres religiösen Lebens werden zu lassen.»

So machte sich also kurze Zeit später einer von ihnen auf, den Abt zu sprechen, und sagte: «Ich bin jetzt zwei Jahre hier, dies Leben ist sehr heilsam für mich, und ich bete getreulich. Aber da ist eine Sache, die ich aufzugeben nicht imstande bin: Ich rauche noch immer gerne. Doch soll alles, was ich tue, Teil meines religiösen Lebens werden; deshalb möchte ich wissen, ob es nicht richtig für mich wäre, wenn ich beim Beten rauchte.»

Der Abt war entsetzt. «Unter gar keinen Umständen», erwiderte er. «Gebete sind ausschließlich zum Beten da. Niemals darfst du dabei irgend etwas anderes tun.»

Niedergeschlagen kehrte der Mönch zu seinem Freund zurück und berichtete ihm, der Abt habe keinerlei Mitgefühl gezeigt, er scheine nicht das geringste Verständnis aufzubringen für das, was sie zu tun versuchten, und es sei mithin sinnlos, weiter in ihn zu dringen. Unverzagt sagte der andere Mönch, er wolle gehen und mit ihm reden.

Bald darauf suchte also der zweite Mönch den Abt auf und sagte, wie schon zuvor der erste, er sei wirklich dankbar, daß er am religiösen Leben des Klosters teilnehmen dürfe. Tatsache aber sei, daß er gegen seinen Willen immer noch gerne rauche. «Und da wollte ich gerne wissen», fragte er, «ob es wohl ginge, daß ich beim Rauchen bete.» «Ja, unter allen Umständen», antwortete der Abt, «was immer du tust, du solltest immer dabei beten.»

Nachspeisen

Während des heißen Sommers in Tassajara sind Sorbets, Eis und Eiscreme ein sehr beliebter Nachtisch. Wir haben allerdings nur eine begrenzte Menge Elektrizität, keinen Tiefkühlschrank und eine große Nachfrage nach dem Eis, das die Eismaschine erzeugt. Gibt es gefrorenen Nachtisch, bedeutet das kein Eis für kalte Getränke am Nachmittag. So gibt es immer eine Art Verbot: ein Warnzeichen an der Eismaschine, das mögliche «Eisdiebe» verscheucht.

Zu gefrorenem Nachtisch reichen wir manchmal frisches Obst oder Kekse. An anderen Abenden gibt es sehr oft einen unserer Kuchen.

Früher haben wir zum Mittagessen immer Dutzende von Keksen gebacken, aber seit neuestem haben wir eine sehr gute Mischung aus Dörrobst, frischen Früchten und Nüssen zusammengestellt. Die Kekse kommen bei Tagesausflügen in die Lunchtüten.

Sauerrahm-Mohn-Kuchen

Jahrein, jahraus gehört er zu den gefragtesten Kuchen in unserer Tassajara-Brotbäckerei in San Francisco. Er ist zart und saftig, servieren Sie ihn einfach so, mit Puderzucker oder mit einer Frischkäsecreme überzogen. Sehr gut schmeckt er auch mit reifen Erdbeeren und geschlagener Sahne oder Vanillecreme (S. 215).

Zutaten für einen 20 cm langen Kastenkuchen:

½ Tasse Butter
¾–1 Tasse Zucker
3 Eigelb
1 Teelöffel Vanille
1 Tasse Mehl, vor dem Abmessen gesiebt
½ Teelöffel Salz
½ Teelöffel Natron
½ Tasse Sauerrahm
3 Eiweiß
⅓ Tasse Mohn

Backofen auf 180 °C vorheizen.

Eine größere Kastenform buttern und mehlen.

Butter und Zucker schaumig rühren, Eigelb einzeln darunterrühren und Vanille zugeben.

Mehl, Salz und Natron zusammensieben und abwechselnd mit dem Sauerrahm unter die Buttermischung heben.

Eiweiß sehr steif schlagen und ebenfalls unter den Teig heben.

Mohn hinzufügen und den Teig in die vorbereitete Form füllen.

Auf der Mittelschiene des vorgeheizten Ofens 45 Minuten backen, bis der Kuchen braun und fest ist und ein in die Mitte gesteckter Zahnstocher sauber wieder herauskommt.

Mamas mexikanischer Schokoladenkuchen

Dieses Rezept stammt von Eric Larsons Mama, und sie hat damit ein gutes Werk vollbracht: einen saftigen Schokoladenkuchen, mit Zimt, Mandeln und Kaffee gewürzt. Reichen Sie ihn mit leicht geschlagener Sahne – mit Mandel-, Vanille- oder Kahlua-Geschmack – oder mit einer Moccacreme überzogen (Anleitung folgt im Anschluß an dieses Kuchenrezept). Wenn Sie wirklich auf Schokolade stehen, brauchen Sie unbedingt ein ganz kleines bißchen Schokoladeneis mit Schokosplit dazu; lassen Sie jedoch diese Schwäche nur Ihre allernächsten Freunde wissen – und laden Sie sie dazu ein.

Zutaten für 2 Kastenkuchen à 20 cm:

½ Tasse Butter
1 Tasse Zucker
3 Eier
1½ Eßlöffel Vanille
⅛ Teelöffel Mandelextrakt
2 Tassen ungebleichtes Weizenmehl
½ Teelöffel Salz
2 Teelöffel Zimt, am besten in einer Gewürzmühle frisch gemahlen
1 Teelöffel Backpulver
¼ Teelöffel Natron
½ Tasse Buttermilch
115 g halbbittere Schokolade
¾ Tasse Wasser
2 Eßlöffel löslicher Kaffee

Backofen auf 180 °C vorheizen.

2 Kastenformen einfetten und mit Mehl bestäuben.

Butter und Zucker schaumig rühren. Eier einzeln darunterschlagen, Vanille- und Mandelextrakt hinzufügen.

Die trockenen Zutaten zusammensieben und abwechselnd mit der Buttermilch unter die Buttermischung heben.

In einem kleinen Topf bei geringer Hitze Schokolade mit Wasser und Kaffee vermischen, dabei rühren, bis sie weich und geschmolzen ist.

Schokoladenmischung zum Teig geben und verrühren. In die vorbereiteten Backformen füllen.

Auf der mittleren Schiene im vorgeheizten Ofen bei 180 °C 45 Minuten backen, bis die Kuchen fest sind und sich an den

Seiten vom Rand lösen. Während des Backens Formen abwechselnd von vorn nach hinten schieben, damit beide Kuchen gleichmäßig garen.

Zum Abkühlen auf einen Rost legen.

Zutaten für 2 Kuchen:

Moccacreme

170 g halbbittere Schokolade	1 Teelöffel Vanille
½ Tasse starken Kaffee	170 g Butter

Schokolade mit Kaffee und Vanille in einen kleinen schweren Topf geben und bei mittlerer bis geringer Hitze schmelzen, dabei rühren, damit es nicht anbrennt.

Die geschmolzene Mischung in eine Schüssel geben und die Butter hineinschlagen. Nach dem Abkühlen wird die Creme so dick sein, daß sie sich gut auf die Kuchen streichen läßt.

Kuchen oben und an den Seiten damit bestreichen.

Schenken Sie den ganzen Kuchen einem Freund, und lernen Sie die Freude von «Schokoladengroßzügigkeit» kennen. Vielleicht bekommen Sie ja ein Stück zurück.

Zitronenpudding-Kuchen

Duftend und leicht am Gaumen, hat dieser Kuchen ein herbes, erfrischendes Aroma. Die Mischung aus Pudding und Kuchen ist ansprechend und köstlich, das Beste zweier Welten in einem.

Zutaten für 6 Portionen:

3 Eßlöffel Butter
1 Tasse Zucker
das Abgeriebene von 4 Zitronen
5 Eigelb
6 Eßlöffel Mehl
5 Eßlöffel Zitronensaft
1½ Tassen Milch oder flüssige Sahne
5 Eiweiß
⅛ Teelöffel Salz

Backofen auf 180 °C vorheizen.

Butter, Zucker und geriebene Zitronenschale schaumig rühren.

Eigelb einzeln dazugeben und nach jedem Ei schlagen.

Wenn die Eigelb darin sind und die Mischung glatt und leicht ist, abwechselnd Mehl, Milch und Zitronensaft hinzufügen.

Eiweiß und Salz zu steifem Eischnee schlagen und unter den Teig heben.

Bei 180 °C 45 Minuten in einer Kastenform oder in einzelnen Tassen im Wasserbad backen, bis der Kuchen goldbraun aussieht und fest ist.

Nach Wunsch mit süßer Sahne servieren.

Apfelsinen-Rosinen-Walnußkuchen

Duftend, fruchtig, nussig, erinnert dieser Kuchen an Rüblikuchen (ohne die Karotten). Der Orangensirup macht den Kuchen ungewöhnlich saftig und köstlich duftend, besonders wenn Sie die letzten zur Wahl stehenden Zutaten verwenden, und erspart es Ihnen, über eine Glasur nachzudenken.

1 Tasse Rosinen, mit heißem Wasser überbrüht
½ Tasse Walnüsse
die Schale von 1 großen Orange
½ Tasse Butter
¾ Tasse weißer oder brauner Zukker
1 Teelöffel Vanille
2 große Eier
2½ Tassen Mehl
1 Teelöffel Natron
1 Teelöffel Salz
1 Tasse Buttermilch
Saft von 1 großen Apfelsine
4 Eßlöffel Honig
Orangenblütenwasser
Rum, Curaçao oder Grand Marnier (nach Belieben)

Backofen auf 150 °C vorheizen.

Flache Obstkuchenform einfetten, mit Mehl bestreuen und den Boden mit Backfolie auslegen.

Rosinen mit heißem Wasser überbrühen und trocknen lassen. Zusammen mit der Orangenschale (man kann die Orange mit einem Kartoffelschäler schälen) und den Walnüssen in einer Küchenmaschine oder einem Mixer zerkleinern, so daß ein grobes Mus entsteht, das etwas Struktur behält. (Wird die Mischung zu trocken, muß man eventuell etwas vom Saft dazugeben.)

Butter und Zucker schaumig rühren, Vanille hinzufügen und die Eier einzeln hineinschlagen.

Abwechselnd mit der Buttermilch die trockenen Zutaten unter die Butter-Zuckermischung heben, bis alles gut zu einem glatten, weichen Teig verrührt ist.

Rosinen-Walnußgemisch darunterheben und den Teig in die Form füllen.

Form ein- oder zweimal auf den Küchentisch schlagen, damit sich der Teig setzt. Bei 150 °C 50 Minuten bis 1 Stunde backen, bis sich der Kuchen fest anfühlt.

Den garen Kuchen aus der Form stürzen und das Backpapier abziehen.

Abkühlen, während Sie aus Orangensaft und Honig einen Sirup herstellen. Beides zusammenkochen und, wenn Sie haben, mit ein paar Tropfen Orangenblütenwasser würzen.

Oberfläche des Kuchens mit dem Saft tränken, das macht ihn schön saftig.

Wenn Sie den Kuchen mit etwas Rum übergießen wollen, ist das natürlich fein. Curaçao oder Grand Marnier gehen auch – wenn Sie so etwas haben. Gießen Sie ein bis zwei Schuß darüber – lassen Sie Ihren Kuchen mal einen heben!

Aufpassen, wenn Sie den abgekühlten Kuchen auf eine Platte setzen wollen. Vielleicht geht es mit ein paar breiten Spateln.

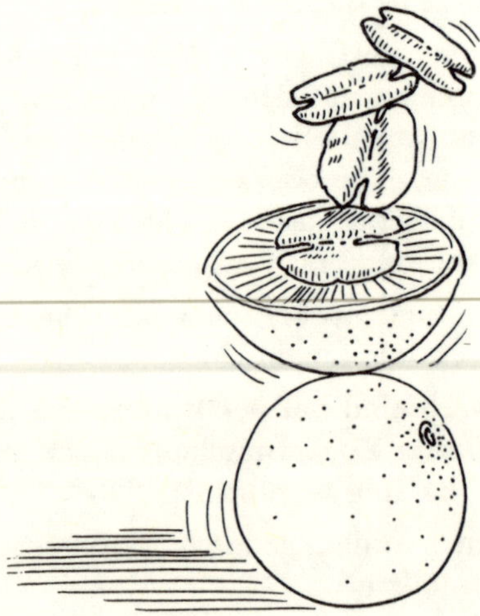

Ingwerbrot mit frischem Ingwer

Mit seiner wundervollen Gewürzmischung ist dieser Kuchen ein sehr geeigneter Nachtisch, um ein langweiliges, fades Abendessen abzuschließen, er hat's in sich. Und wenn Sie nicht wissen, wie man ein langweiliges fades Abendessen macht, können Sie den Ingwerkuchen auch nach einem aufregenden, gut gewürzten Abendessen servieren – mit einem Tusch. Sie können also gar nichts verkehrt machen.

Zutaten für einen runden Kuchen ∅ 20 cm:

Trockene Zutaten:

¾ Tasse weißes Mehl
¾ Tasse Vollweizenmehl
1 Teelöffel Backpulver
¾ Teelöffel frisch gemahlener Zimt
¼ Teelöffel gemahlener Muskat
¼ Teelöffel gemahlene Nelken
¼ Teelöffel Salz
¼ Teelöffel Senfpulver
1 Prise Cayenne-Pfeffer
1 Prise schwarzer Pfeffer

Feuchte Zutaten:

¼ Tasse Butter
¼ Tasse brauner Zucker
3 Eßlöffel frische Ingwerwurzel, geschält und fein gerieben
½ Tasse Rübensirup (Melasse)
½ Teelöffel Natron
¾ Tasse kochendes Wasser
¼ Teelöffel Natron
2 schaumig geschlagene Eier

Backofen auf 160 °C vorheizen.

Alle trockenen Zutaten zusammensieben.

Butter und Zucker schaumig rühren und Ingwer dazugeben.

Sirup und den halben Teelöffel Natron zusammenrühren, bis die Mischung heller wird und sich kleine Blasen bilden.

Kochendes Wasser und ¼ Teelöffel Natron mischen.

Butter-Zucker-Ingwermischung zur Sirupmischung geben und beides gründlich mischen.

Die trockenen Zutaten abwechselnd mit dem kochenden Natronwasser hinzufügen, wobei Sie mit den trockenen Zutaten anfangen und aufhören.

Die schaumig geschlagenen Eier darunterheben.

Teig in eine sorgfältig gefettete und bemehlte Springform füllen und bei 160 °C 30 Minuten backen, bis ein hineingesteckter Zahnstocher sauber herauskommt.
Mit Bergen leicht geschlagener Sahne oder Vanilleeiskugeln servieren.

Gewürzkuchen mit getrockneten Früchten und Nüssen

Dies ist eine «Allergieerfindung», die zu einem Standard-Nachtisch geworden ist. Man braucht zwar Eier und ein wenig Maisstärke, aber kein Mehl, keinen Süßmacher und keine Milchprodukte. Sehr süß, üppig und saftig, bedarf der Kuchen keiner Extras, aber wenn Sie wollen, können Sie ihn mit einem Guß überziehen oder Schlagsahne daraufgeben.

Anmerkung: Sie können jede Mischung von getrockneten Früchten verwenden.

Zutaten für einen runden Kuchen Ø 20–22 cm:

- ¾ Tasse Apfelsaft
- ½ Tasse entkernte, gehackte Backpflaumen
- ¾ Tasse Rosinen und/oder Korinthen
- 1 Tasse entkernte, gehackte Datteln
- 2 Eßlöffel Sojaöl (oder ein anderes «geschmackloses» Öl)
- 2 gestrichene Tassen Wal- oder Pecannußmehl (s. Anleitung)
- ¼ Tasse Kartoffel- oder Maisstärke
- 1 Teelöffel Backpulver
- ½ Teelöffel Natron
- ¼ Teelöffel gemahlene Nelken
- ½ Teelöffel gemahlener Muskat
- ¼ Teelöffel Gewürzmischung
- 1½ Teelöffel Zimt
- ½ Teelöffel Salz
- 5 Eier

Backofen auf 130 °C vorheizen.

Apfelsaft bis kurz vor dem Kochen erhitzen und die Pflaumen und Rosinen damit überbrühen.

Die gehackten Datteln gründlich zerdrücken und mit dem Öl mischen.

So viele Wal- oder Pecannüsse fein mahlen, daß es zwei gut gefüllte Tassen gibt. Das ist das «Mehl», mahlen Sie es also so fein Sie können, mit einer Handmühle oder einer Küchenmaschine.

Kartoffel- oder Maisstärke mit dem Backpulver, Natron, Gewürzen und dem Salz zusammensieben. Mit den gemahlenen Nüssen vermischen.

Eier trennen. Das Eigelb, jeweils eins, unter die Dattel-Eimischung rühren.

Nußmehl und Dörrobst daruntergeben.

Eiweiß steif schlagen. Erst eine Hälfte unter den Teig heben, immer nur wenig auf einmal; dann vorsichtig auch die andere Hälfte.

Springform buttern und mehlen, den Teig hineinfüllen und bei 130 °C backen, bis ein in die Mitte eingestochener Zahnstocher sauber herauskommt.

Bibis Apfelstrudel

Wir haben dieses Rezept aus Österreich, Emila hat es uns freundlicherweise hinterlassen. Sie hatte es von Bibi, einem ehemaligen Playgirl des Monats aus Schweden. Wo das Rezept ursprünglich herkommt, bleibt unklar, aber wann immer es hier zum erstenmal auftauchte, dieser Nachtisch macht den Mund wäßrig: der Teig süß und blättrig; die Äpfel herb und würzig.

Zutaten für einen Strudel für 4–6 Personen:

Teig:

2 Tassen ungebleichtes Weizenmehl
½ Tasse Zucker
1 Teelöffel Backpulver
¼ Teelöffel Salz
¾ Tasse plus 2 Eßlöffel Butter, Raumtemperatur
1 Eigelb
1 Teelöffel Vanilleextrakt

Füllung:

3 Tassen dünngeschnittene Äpfel
das Abgeriebene und der Saft von 1 Zitrone
2 Eßlöffel Zucker
2 Teelöffel Zimt
⅓ Tasse Rosinen

Die trockenen Zutaten zusammensieben. Butter mit den Fingern hineinarbeiten, bis Sie einen krümeligen Teig haben.

Eigelb und Vanille zugeben und den Teig weiterkneten. Er wird krümeln und aussehen wie Mürbeteig, aber kneten Sie weiter, bis er glatt und biegsam wird.

Teig zu einer glatten Platte formen, in Wachspapier oder Plastikfolie einwickeln und eine halbe Stunde lang kühlstellen.

Teig aus dem Kühlschrank nehmen und kurz weichkneten.

Auf Wachspapier (35 × 20 cm) oder einem sauberen bemehlten Geschirrtuch den Teig ausrollen.

Äpfel auf die Längsseite des Papiers oder Tuchs an den Rand legen, mit Hilfe des Tuchs den Teig über die Äpfel schlagen und zu einer länglichen Rolle formen. Mit dem Papier oder Tuch auf ein Backblech legen.

Den Teig mit etwas gesüßter Sahne oder zerlassener Butter (oder dem restlichen Eiweiß) bestreichen.

Strudel bei 160 °C etwa 40 Minuten backen, bis die Kruste leicht braun ist. Zu langes Backen trocknet ihn aus.

Warm servieren, mit Puderzucker bestäubt und mit leicht geschlagener Sahne, in die Sie einen Schuß Cognac gegeben haben.

Äpfel-Walnuß-Sauerrahmbrot

Dies ist ein zartes goldbraunes «Brot». Am besten schmeckt es im Herbst, wenn die frisch geernteten Äpfel und Walnüsse am besten sind. Dieses «Brot» ist eigentlich ein Nachtisch, man könnte es aber auch bei einem besonderen Festessen servieren.

Zutaten für einen Brotlaib Ø 20 cm:

½ Tasse Butter, plus extra Butter für die Form
½ Tasse brauner Zucker
2 Eier
1 Teelöffel Vanille
1 Tasse Mehl
1 Teelöffel gemahlener Kardamon
1 Teelöffel Natron
1 Teelöffel Backpulver
½ Teelöffel Salz
1 Tasse Sauerrahm
2 Tassen gehackte Äpfel
½–1 Tasse Walnüsse

Backofen auf 180 °C vorheizen.

Kastenform buttern und mehlen.

Butter und Zucker schaumig rühren.

Eier und Vanille dazugeben und glatt rühren.

Trockene Zutaten zusammensieben und abwechselnd mit der sauren Sahne langsam unter die Ei-Buttermischung heben. Der Teig ist dann sehr dick, aber rühren Sie nicht zu kräftig.

Äpfel und Walnüsse darunterheben.

Teig in die vorbereitete Form füllen und die Oberfläche glattstreichen.

Bei 180 °C im vorgeheizten Ofen backen, bis die Oberfläche fest und tief goldbraun ist.

Brot vor dem Aufschneiden mindestens 10 Minuten abkühlen lassen.

Dazu Frisch- oder Butterkäse reichen, z. B. St. André oder Brie.

Feigenbrot

Dieses süße, ziemlich kuchenähnliche Brot gibt es bei uns häufig mittags als Nachtisch oder nachmittags zum Tee. Wir lassen die Feigen ganz, so daß sie beim Aufschneiden als wohlschmeckende Stücke herauskommen, aber man kann sie auch vorher in runde Scheiben schneiden.

Zutaten für ein mittelgroßes Brot:

1 Tasse Apfel- oder Orangensaft
1½ Tassen ganze getrocknete Feigen, ohne Stil
¼ Teelöffel Salz
¼ Tasse Butter
2 Eier
⅓ Tasse Zucker
½ Teelöffel Vanille
1 Teelöffel abgeriebene Zitronen- oder Orangenschale
1¾ Tassen Mehl
½ Teelöffel Backpulver
¼ Teelöffel Natron

Backofen auf 180 °C vorheizen.

Saft bis kurz vor dem Kochen erhitzen und über Feigen, Salz und Butter in eine Rührschüssel gießen. Rühren, so daß die Butter schmilzt, und abkühlen lassen.

Eier schaumig schlagen und Zucker, Vanille und geriebene Zitronen-(Orangen-)schale dazugeben. Unter die abgekühlte (Raumtemperatur) Feigenmischung rühren.

Mehl mit Backpulver und Natron zusammensieben. Mit so wenig Schlägen wie möglich unter die übrigen Zutaten mischen.

Eine mittelgroße Kastenform buttern und mehlen, den Teig hineinfüllen und bei 180 °C eine Stunde backen, bis ein hineingesteckter Zahnstocher sauber herauskommt.

Kaffee-Mandel-Butterplätzchen

Der Kaffeegeschmack ist die Überraschung bei diesen sowieso schon ausgezeichneten Mandel-Butterplätzchen.

Zutaten für etwa 30 Plätzchen:

1 Tasse ungesalzene Butter
¾ Tasse brauner Zucker
4½ Teelöffel löslicher Kaffee
½ Teelöffel Salz
¼ Teelöffel Mandelextrakt
1 Tasse feingehackte Mandeln
½ Tasse halbbittere Schokolade (nach Belieben), in verschieden große Stückchen geschnitten, aber kleiner als die Plätzchen, die Sie backen wollen
2 Tassen Mehl

Backofen auf 180 °C vorheizen.

Butter und Zucker schaumig rühren, Kaffee, Salz und Mandelextrakt dazugeben.

Mandeln und Schokolade (nach Belieben) darunterheben, dann das Mehl hinzufügen.

Teig in kleine Bällchen rollen (2,5 cm) und mit einem Glas oder dem Handballen flach drücken.

Bei 180 °C 15 Minuten leicht braun backen.

Haferflocken-Shortbread

Wegen seines zarten Karamellgeschmacks und seiner nahrhaften Zutaten lohnt es sich, dieses Shortbread mit Muße genüßlich zu verspeisen. Es erweist sich als leicht herstellbar – und als durchaus eßbar.

Zutaten für 1 rundes Shortbread Ø 20 cm:

1 Tasse Butter, Raumtemperatur
⅔ Tasse brauner Zucker
⅔ Tasse Haferflocken
¾ Tasse plus 2 Eßlöffel Mehl

Backofen auf 150 °C vorheizen.

Alle Zutaten in eine Schüssel geben und mit den Händen zu einem gleichmäßig weichen Teig verkneten.

Teig in eine Ø 20 cm Springform geben und die Stücke mit den Zinken einer Gabel markieren und gut einkerben, damit es sich später leicht schneiden läßt.

Bei 150 °C im vorgeheizten Ofen 25–30 Minuten backen, bis das Shortbread fest und gerade leicht braun ist. Vorsicht, nicht zu lange backen, sonst wird es hart.

Solange es warm ist, Shortbread an den Gabelkerben entlang in keilförmige Stücke schneiden.

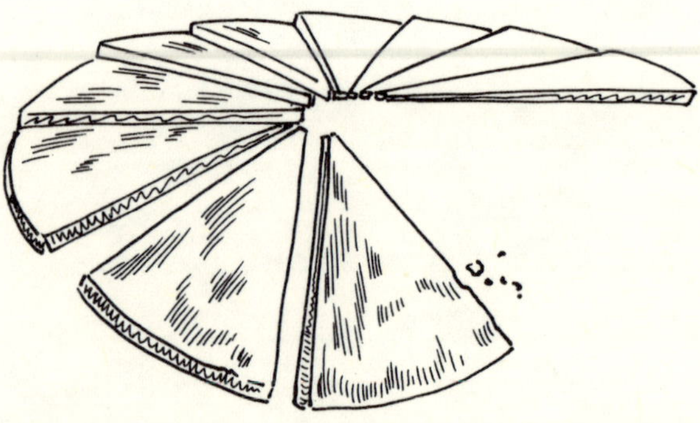

Pecan-Träume

Brians Schwester hat einen Freund, und von dessen Mama stammt dieses Rezept. So hatten Plätzchen zu schmecken, bevor wir uns Gedanken machten über Butter und Zucker, weißes Mehl und Salz, und ob die Nüsse ranzig sind oder nicht. Wenn Sie es schaffen, ohne vorher den Rum und den Vanilleextrakt zu trinken, bekommen Sie Ihre Plätzchen; wenn nicht, nur Träume.

Zutaten für 3 Dutzend Plätzchen Ø 2,5 cm:

1 Tasse Butter
½ Tasse gesiebter Puderzucker
2 Teelöffel Vanille
2 Teelöffel Wasser oder Rum
½ Teelöffel Salz
2 Tassen gesiebtes Mehl
2 Tassen feingehackte Pecannüsse
gesiebter Puderzucker zum Verzieren

Backofen auf 160 °C vorheizen.

Butter und Puderzucker schaumig rühren und Vanille, Wasser oder Rum und Salz dazugeben.

Mehl in die Buttermischung rühren, Nüsse hinzufügen und verrühren, so daß ein gleichmäßig körniger Teig entsteht.

Teig zu 3 cm dicken Bällchen rollen und auf ein ungebuttertes Blech legen.

Auf der oberen Schiene bei 160 °C 20 Minuten backen.

Plätzchen zum Auskühlen auf einen Rost legen.

Noch warm in Puderzucker wenden.

Denken Sie daran: «Kein Zucker, keine Erleuchtung» – also lassen Sie die Plätzchen nicht zu lange herumstehen.

Variante: Verwenden Sie Walnüsse oder Mandeln statt der Pecannüsse.

Brians Schokoladensplitter-Plätzchen

Sicher haben auch Sie Ihre Lieblingsplätzchen. Hier sind unsere derzeitigen. Drei Dinge zeichnen dieses Plätzchen aus: ein Hauch Melasse, etwas löslicher Kaffee und kleine Stückchen Schokolade. (Die Leute in der Küche unseres Hofs «Green Gulch» backen sich zur Zeit durch ein ganzes Buch mit Rezepten für Schokoladensplitter-Plätzchen und «benoten» sie, aber Brians Plätzchen müssen erst noch prämiert werden.) Die Schokoladenstückchen können von Puderform und Krümeln bis zu Mandelgröße variieren (alles, was kleiner ist als die Plätzchen, die Sie backen wollen). Wenn Sie fertige Schokosplitter nehmen, ist es nicht mehr dasselbe Plätzchen.

Zutaten für 4 Dutzend Plätzchen:

1 Tasse weiche Butter
⅔ Tasse brauner Zucker
2 Eier
2 Teelöffel Vanille
2 Teelöffel Melasse
1 Teelöffel feinpulvriger löslicher Kaffee

1 Tasse ungebleichtes Weizenmehl
1 Tasse Vollweizenmehl oder mehr weißes Mehl
1 Teelöffel Natron
½ Teelöffel Salz
2 Tassen feingehackte Walnüsse
400 g halbbittere oder bittere Schokolade, gehackt oder mit einem Messer in Stücke geschnitten

Backofen auf 190 °C vorheizen.

Butter schaumig rühren, Zucker hinzufügen und ebenfalls schaumig rühren.

Trockene Zutaten zusammensieben und mit den anderen mischen.

Walnüsse und Schokolade darunterheben.

Kleine Bällchen, ∅ 2,5 cm, formen und auf ein gebuttertes und bemehltes Blech legen. Leicht flachdrücken und bei 190 °C 12 Minuten backen, bis die Plätzchen unten leicht braun sind.

Glasierte Quark-Zitronenplätzchen

Diese «Zitronengenüsse» sind Plätzchen, die man gut mit Tee oder einem Fruchtdessert, wie zum Beispiel «Ingwer-Feigen» (S. 217), anbieten kann.

Zutaten für 3 Dutzend Plätzchen ∅ 2,5 cm:

¾ Tasse Butter
⅓ Tasse Quark
¾ Tasse Zucker
1 Ei
1 Eßlöffel geriebene Zitronenschale
1 Eßlöffel Zitronensaft
1 Teelöffel Backpulver
½ Teelöffel Salz
2 Tassen Mehl
Zitronenglasur und feingehackte Walnüsse oder Mandeln zum Verzieren

Backofen auf 190 °C vorheizen.

Butter, Quark und Zucker schaumig rühren, dann Ei, Zitronenschale und Saft hineingeben.

Trockene Zutaten zusammensieben und vorsichtig unter die Buttermischung rühren.

Teig mindestens eine Stunde in den Kühlschrank stellen – die Plätzchen lassen sich dann leichter formen.

Teig zu kleinen Bällchen (∅ 2,5 cm) formen und auf ein ungebuttertes Blech setzen. (Für schöne runde Plätzchen die Bällchen lassen; für dünne Plätzchen den Teig mit dem in Zucker getauchten Boden eines Glases flach drücken.)

Auf der oberen Schiene des vorgeheizten Ofens bei 190 °C 12–15 Minuten backen, bis die Plätzchen unten und am Rand leicht gebräunt sind.

Zum Auskühlen kurz auf einen Rost setzen, dann in die Zitronenglasur tauchen und mit feingehackten Walnüssen oder Mandeln bestreuen.

Zitronenglasur

3–4 Eßlöffel Zitronensaft
1 Tasse gesiebter Puderzucker
½ Tasse feingehackte Walnüsse oder Mandeln

Puderzucker mit dem Zitronensaft solange rühren, bis die Masse glatt und glänzend ist. Glasur in eine flache Schale füllen, so daß Sie die Plätzchen leicht hineintauchen können. Nüsse daraufstreuen, solange die Glasur noch weich ist.

Die Nüsse nicht darüberstreuen, bevor die Kinder probiert haben – besonders wenn sie geholfen haben.

Datteln- und Pecankonfekt

Hier ist ein üppiges, saftiges, keksartiges Konfekt, das Brian sich ausgedacht hat, großartig für Leute mit Allergien gegen Weizen, Butter oder Eier, und großartig für Leute ohne Allergien. Diese Süßigkeit ist etwas für jedermanns Geschmack.

Anmerkung: Falls Sie kein Orangenblütenwasser haben, fügen Sie ½ Teelöffel abgeriebene Orangen- oder Zitronenschale hinzu oder lassen es ganz weg.

Zutaten für 30 Plätzchen ∅ 4 cm:

1 Tasse entkernte, feuchte Datteln
2 Tassen Pecannüsse, fein gemahlen
1 Teelöffel Orangenblütenwasser
30 halbe Pecannüsse
Puderzucker

Backofen auf 160 °C vorheizen.

Datteln grob hacken, dann mit den Pecannüssen und dem Orangenblütenwasser zu einem Teig verkneten.

Teig zwischen Ihren Handballen zu walnußgroßen Kugeln formen, auf ein ungefettetes Backblech setzen und eine Pecannuß in die Mitte jedes Plätzchens drücken. (Diese Plätzchen gehen beim Backen nicht auf, man kann sie also dicht nebeneinander setzen.)

Auf der oberen Schiene des Ofens bei 160 °C 12–15 Minuten backen, bis die untere Seite leicht braun ist.

Einfach so servieren oder mit Puderzucker bestäubt.

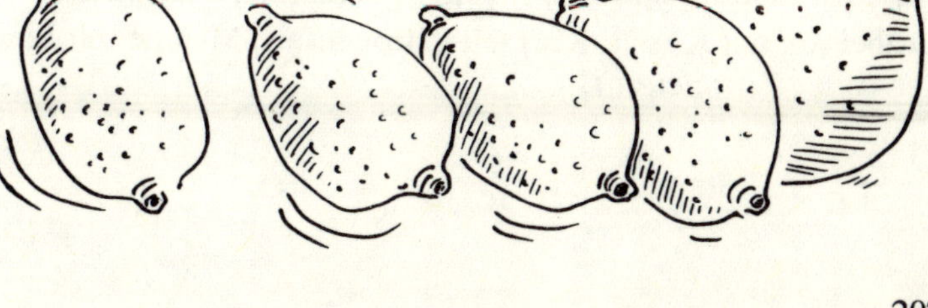

Sorbets

Sorbets – frisches Fruchteis, ohne Milch und Sahne hergestellt – sind wunderbar erfrischend und angenehm für den Gaumen. Sie sind leicht zu machen, besonders wenn Sie eine Eismaschine haben, und es gibt unzählige Kombinationen. Verwenden Sie nur ganz reifes Obst – es hat den vollsten, saftigsten Geschmack. Der reine Fruchtgeschmack wird in Ihrem Mund einfach dahinschmelzen.

Hier ist das Grundrezept:

4 Tassen püriertes Obst
1 Tasse Zucker
Zitrussaft: Zitrone oder Limone
Alkohol: Rum, Cognac, Grand Marnier

Um das Obstpüree herzustellen, werden die Früchte gewaschen, entkernt, in kleine Stücke geschnitten und im Mixer püriert. (Einer unserer ehemaligen Gästeköche sagt: «Ich schäle Pfirsiche und Nektarinen grundsätzlich nicht, weil ich die kleinen Farbtupfer und Unebenheiten, die dadurch darin bleiben, schön finde.»)

Obstpüree mit dem Zucker erhitzen, bis sich der Zucker ganz aufgelöst hat. Sie können natürlich weniger Zucker nehmen, wenn das Obst sehr süß ist, aber vergessen Sie nicht, daß das gefrorene Sorbet nachher weniger süß schmeckt als die ungefrorene Mischung.

1–2 Eßlöffel Zitronen- oder Limonensaft dazugeben, je nach Süße oder Herbheit. Sie werden feststellen, daß das den Geschmack frisch und lebendig macht.

Alkohol dazugeben, um das Aroma herauszuheben.

Einige mögliche Kombinationen: Pfirsich und/oder Nektarinen mit Zitronensaft und Rum, Pfirsichlikör oder Grand Marnier; Erdbeeren mit Kirsch; Kiwi mit Zitronensaft; Melone mit Limonen- oder Zitronensaft.

Tangerinen-Eis

Dies Eis beruht ursprünglich auf einem Rezept von Marcella Hazan. Orangen-, Tangerinen- und Zitronensaft machen es zu einem herben, kühlen Nachtisch.

Zutaten für 4–6 Personen:

¾ Tasse Zucker
2 Tassen frisch gepreßter Tangerinensaft
1 Tasse frisch gepreßter Apfelsinensaft
½ Tasse frisch gepreßter Zitronensaft
das Abgeriebene von 1 Orange
das Abgeriebene von 1 Zitrone
3 Eßlöffel (oder nach Geschmack) Rum oder Grand Marnier

Sirup herstellen aus Zucker und ausreichend Fruchtsaft, so daß sich der Zucker auflösen kann.

Sirup mit dem restlichen Saft und der geriebenen Schale mischen.

In der Eismaschine oder in Eiswürfelbehältern gefrieren.

Wenn es fast gefroren ist, Alkohol dazugeben und verrühren.

Mindestens noch eine Stunde gefrieren lassen. Sollte sich etwas Alkohol abgesetzt haben, Eis vor dem Servieren noch mal umrühren.

Limonen-Milch-Sorbet

Dieser Nachtisch beruht vage auf einem Fanny-Farmer-Rezept.

Zutaten für 4–6 Personen:

- 1 Tasse frisch gepreßter Limonensaft
- 1½ Tassen Zucker
- 4 Tassen Milch
- 1 Eßlöffel abgeriebene Limonenschale

Alle Zutaten zusammenmischen.

In der Eismaschine oder einem Eiswürfelbehälter gefrieren.

Leider sieht es nicht grün aus, wenn es fertig ist, sondern schmeckt nur nach Limonen.

Ungefroren kann die Mischung geronnen aussehen, aber nach dem Gefrieren ist sie glatt, also keine Angst.

Brians Mango-Eiscreme

Hier ist Brians Antwort auf das «Immer-der-gleiche-Nachtisch»-Syndrom.

Zutaten für 4 Personen:

3 Tassen Mangofruchtfleisch
¼ Tasse Zucker oder mehr, nach Geschmack
1 Tasse Schlagsahne
1 Eßlöffel Limonensaft oder mehr, nach Geschmack

Mangofruchtfleisch durch ein Sieb streichen, um die Fasern zu entfernen. Mit dem Zucker mischen, bis es flüssig ist. Sahne leicht anschlagen und gründlich mit dem Mangopüree mischen.

Limonensaft nach Geschmack zugeben.

Mischung in der Eismaschine oder einem Eiswürfelbehälter gefrieren.

Eiscreme in ein gut schließendes Gefäß füllen und im Gefrierschrank (-fach) steif frieren lassen.

Erdbeervariation: Ersetzen Sie Mango durch Erdbeeren. Ausgezeichnet!

Grapefruit-Champagner-Eis

Erfrischend und leicht, ist dieses gaumenkitzelnde Eis besonders bei heißem Wetter sehr verführerisch. Die Idee dafür stammt wahrscheinlich von Richard Olney.

Zutaten für 4 Personen:

⅔ Tasse Zucker
½ Tasse frischer Orangensaft
2 Tassen frischer Grapefruitsaft
1 Tasse Sekt
¼ Tasse Cognac

Zucker mit etwas Fruchtsaft erhitzen, bis sich der Zucker im Sirup völlig aufgelöst hat.

Sirup mit dem restlichen Fruchtsaft und dem Sekt vermischen. Abschmecken.

In einer Eismaschine oder einem Eiswürfelbehälter gefrieren, dabei gelegentlich umrühren.

Wenn es gefroren ist, Cognac tropfenweise dazugeben und dabei abschmecken.

Eis mindestens eine weitere Stunde gefrieren lassen, in gekühlten Schälchen oder gekühlten Grapefruit- oder Orangenschalen servieren.

Limonencreme mit Erdbeeren

Erwarten Sie nicht, daß diese Creme grün aussieht, dazu müßten Sie schon Lebensmittelfarbe zu Hilfe nehmen. Trotzdem, das tiefe Rot der Beeren und das gebrochene Weiß der Creme sind eine elegante Kombination, und die Aromen bieten ein köstliches Zusammenspiel von Süße, Herbheit und Butterfett. Was könnte es Besseres geben?

Zutaten für 4 Personen:

3 Eigelb
5 Eßlöffel Zucker
1 Tasse halb Milch, halb Sahne (oder nur Sahne)
Schale von 1 kleinen Limone, gerieben oder fein gehackt

½ Pfund Erdbeeren
2 Eßlöffel Zucker
Saft von 2–3 Limonen
½ Tasse Schlagsahne

Eigelb und Zucker schaumig rühren, bis es hell und zitronenfarben aussieht.

Milch und Sahne mit der Limonenschale erhitzen. Nach und nach die heiße Sahne mit den Eiern verquirlen, damit diese warm werden. Die Sauce auf die Herdplatte zurückstellen und leicht köcheln lassen, wobei Sie nicht aufhören zu rühren, bis die Sauce am Löffel hängen bleibt und dickflüssig ist. (Wird sie zu dick und stockt wie Rührei, Mischung in den Mixer geben.)

Zitronenschale heraussieben und die Creme kühl stellen.

Beeren waschen und entweder auf Küchenpapier trocknen oder eine Zeitlang im Durchschlag abtropfen lassen. Stiele entfernen (das geht gut mit der Spitze eines Kartoffelschälers). Schneiden, wenn sie groß sind, ganz lassen, wenn sie klein sind.

Erdbeeren mit Zucker bestreuen und in Limonensaft schwenken. In den Kühlschrank stellen.

Vor dem Anrichten Sahne steif schlagen und unter die Creme heben.

Beeren gleich auf Dessertteller oder -schälchen verteilen und die Creme daraufgeben.

Denken Sie darüber nach, wie gut Sie es haben, daß Sie Erdbeeren und Limonencreme essen können.

Lassen Sie Ihr Mitgefühl grenzenlos sein.

Vanillesauce, englisch

Dies ist eine klassische Vanillesauce für frisches Obst, einfache Kuchen oder pochierte Meringen. Man kann sie entweder über den Nachtisch gießen oder ihn darin schwimmen lassen, indem man die Sauce unter das Dessert gibt.

Zutaten für etwa 2½ Tassen:

5 Eigelb
¼ Tasse Zucker
2 Tassen flüssige Sahne oder Milch
1 Stange Vanille, der Länge nach aufgeschnitten, oder 1 Teelöffel Vanilleextrakt

In einer großen Schüssel Eigelb und Zucker hellgelb und schaumig schlagen.

Sahne oder Milch mit der Vanille mischen und in einem Topf zum Köcheln bringen. Dann nach und nach die Milchmischung unter die Eimischung schlagen.

Die heiße Flüssigkeit in den Kochtopf zurückgießen. Bei geringer Hitze kochen, dabei mit einem Holzlöffel ständig rühren, bis die Sauce so dick ist, daß sie am Löffel hängen bleibt (80 °C auf einem Thermometer). Die Sauce darf aber nicht kochen.

Sauce sofort in eine Schüssel gießen.

Die kleinen Samenkörner aus der Vanillestange kratzen und die Schote in die Sauce zurückgeben.

Sauce völlig erkalten lassen, bevor Sie sie durch ein feines Sieb streichen.

Kaki-Creme

Dies ist ein sinnesfreudiger, einfacher Nachtisch. Reichen Sie ihn gekühlt, mit einem knusprigen Walnußplätzchen (eine Variante von Pecan-Träumen, S. 203). Verwenden Sie die großen Kakifrüchte, nicht die kleinen japanischen, die man auch essen kann, wenn sie noch fest sind. Die Kakifrüchte sollten tief-orange aussehen mit schwarzen Flecken und so weich sein, daß sie praktisch aus ihrer Schale fallen. Rechnen Sie ½ Tasse Kaki-Püree pro Person.

reife, weiche Kakifrüchte
Puderzucker oder Honig
dicke Sahne
Marsala (nach Belieben)

Schale von den Kakis entfernen und das Mark leicht verrühren, aber lassen Sie ruhig etwas von der Struktur.

Fügen Sie so viel Puderzucker oder Honig hinzu, daß das Aroma der Frucht herauskommt.

Verwenden Sie einen Teil Sahne auf 4 Teile Kaki, und schlagen Sie die Sahne steif.

Schmecken Sie die Sahne mit ein wenig Marsala ab, wenn Sie mögen, und heben Sie sie unter die Kakis. Nicht völlig vermischen, lassen Sie Lagen Sahne ungemischt.

In Nachtischschälchen füllen und kühlen. Mit ein oder zwei Walnußplätzchen servieren.

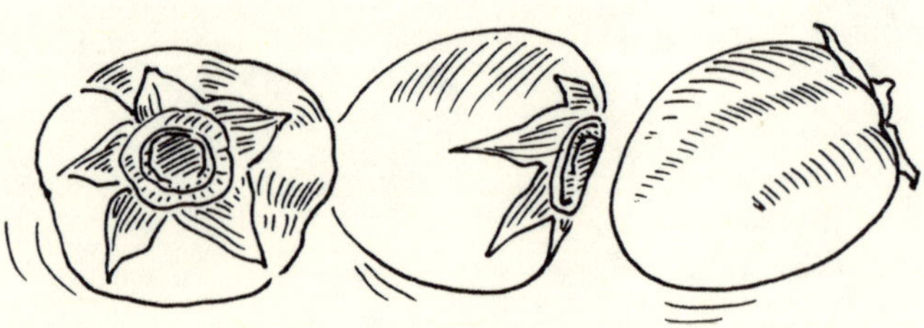

Ingwer-Feigen

Ingwer-Feigen sind ein intensiver Fruchtdessert, den wir oft während der kalten Jahreszeit reichen, bevor es wieder frisches Obst gibt.

Zutaten für 4 Personen:

½ Pfund getrocknete Feigen
30 g frischen Ingwer, dünn geschnitten (etwa 2 Daumen dick)
2 Tassen Wasser
½ Tasse Honig
saure Sahne und geriebene Zitronenschale zum Garnieren

Die knubbeligen Stiele der Feigen entfernen.

Feigen abspülen und mit Ingwer, Wasser und Honig in einen Topf geben.

Zum Kochen bringen, dann bei geringer Hitze etwa 25 Minuten köcheln lassen, bis die Feigen weich sind und die Flüssigkeit zu einem dunklen Sirup eingedickt ist.

Abkühlen und sehr kalt mit Sauerrahm, den Sie mit etwas geriebener Zitrone gewürzt haben, servieren.

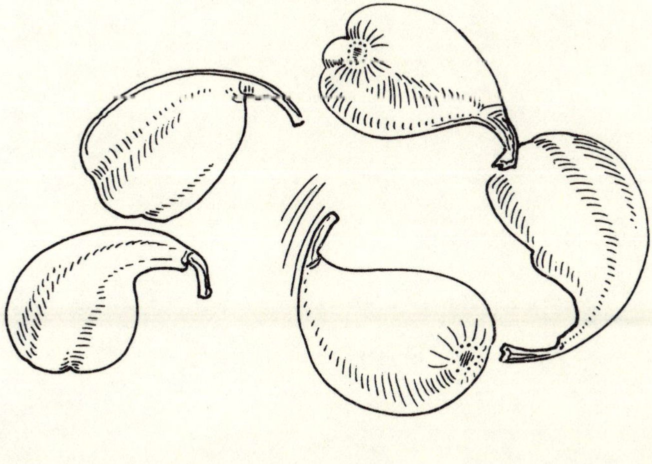

Beim Waschen dieses Topfes . . .

Beim Waschen dieses Topfes
wird Metall wieder zu Metall,
erblüht in strahlendem Glanz.
In der Arbeit des Herzens erblühen
Arme, Finger, Zehen,
Gefühle, Gedanken, Atem
und Topf miteinander.
Alles glitzert im Fluß
frischen Quellwassers, das
die Felsen umspült
und überall Stamm,
Zweig, Blätter und Himmel zurückstrahlt.
Mögen alle Wesen im Glanz und der Klarheit
dieses arbeitenden Herzens erblühn.

Autobiographische «Leckerbissen»

Mehr als zehn Jahre sind seit meinem letzten Kochbuch, *Das Tassajara-Kochbuch*, und vierzehn Jahre seit meinem *Tassajara-Brotbuch* vergangen. Und so merkwürdig es auch scheinen mag, schreibe ich nun ein weiteres Kochbuch – nicht, weil ich mehr vom Kochen verstehe, sondern weil ich jetzt etwas vom «Kochbuch-Schreiben» verstehe.

Seitdem ich mit elf Jahren angefangen hatte, M. F. K. Fisher zu lesen, war ich immer fasziniert von allem, was über Essen geschrieben wurde. *Das gastronomische Ich, Wie man Wölfe kocht:* Schon die Titel hatten mich angezogen, obwohl ich keine Ahnung hatte, was «gastronomisch» war, ja nicht einmal das Wort richtig aussprechen konnte. (Und es wollte mir nicht in den Kopf, warum jemand ein ganzes Buch darüber schrieb, wie man Wölfe kocht, wenn es das Fleisch gar nicht in den Supermärkten zu kaufen gab.) Ich las über eine Welt, für die Essen und Kochen ein unerläßlicher Bestandteil des täglichen Lebens war, nicht etwas, wofür man sich extra Zeit absparte, was man hinter sich bringen wollte oder womit man schnell auftankte. Essen war Leben. Leben war Essen.

Trotzdem hat mich die Vorstellung, zu kochen, immer eingeschüchtert – bis ich angefangen habe, Leute zum Essen einzuladen. Und als ich betrat, was die geheimnisvolle, fremde, komplizierte und anspruchsvolle Welt des Kochens schien, wurde mir bald klar, daß ein Koch nichts anderes tut, als Hitze mit Zeit in Einklang zu bringen. Dinge kochen.

Ich befolgte Rezepte und entdeckte, daß Kochen Spaß machte: Farbe, Form, Aroma – ein ewig wechselndes Bild, das nur der Koch recht zu schätzen weiß. Ich genoß die Gemeinschaft und die Geselligkeit. Nach einiger Zeit schaute ich weniger in die Kochbücher und fing an, mir selbst mehr auszumalen, aromatische Tagträume zu haben.

1967 wurde ich Chefkoch im Tassajara-Zen-Gebirgszentrum. Ich wollte berühmt, geliebt und verehrt werden. Fast immer mochten die Leute mein Essen, aber dieses Gefühl schien sich nicht auf mich zu übertragen. Sie behaupteten, ich sei arrogant, befehlshaberisch, aufbrausend und besserwisserisch. Es dauerte eine Zeitlang, mich davon zu überzeugen, daß ich an mir selber arbeiten mußte, arbeiten an meiner Arbeitsweise, an meiner Lebensweise.

Wenn ich später Köche in Zen-Zentren fragte, was sie beim Kochen am schwierigsten fanden, so war die Antwort fast überall gleich: Die Leute – mit anderen zusammen kochen zu müssen, mit sich selber kochen zu müssen. Das Essen erledigt sich von selbst.

So bin ich denn nach wie vor überzeugt davon, daß auch die «beste» Kochkunst auf nichts anderem beruht als auf der Bereitschaft, sich selber anzubieten, sich selber «auf den Tisch zu bringen». Die Zutaten kennt man in- und auswendig und lernt, wie wandelbar sie sind; und man fügt sie zusammen, so daß jeder sie sehen kann und sogar noch enthüllender, sie kosten kann.

Die letzten zehn Jahre – und inzwischen ist viel Wasser den Rhein hinuntergeflossen – habe ich damit verbracht, zu arbeiten, zu kämpfen, mich abzumühen, mich zu fragen: «Was ist ein spirituelles Leben? Was ist ein gutes Leben? Wie können wir uns retten, im wahrsten Sinne des Wortes und spirituell?»

Im Zen-Zentrum in San Francisco war ich Gästebetreuer, Leiter des Meditationsraumes, Sprecher der dort wohnenden Lehrer, Präsident, Vorsitzender des Vorstandes. (Ich finde das äußerst komisch: Da geht man in die Berge, um wahre Verwirklichung zu erlangen, und wird Verwaltungsbeamter einer großen «Gesellschaft».) Bei «Greens», unserem Restaurant in San Francisco, war ich Hilfskellner, Abwäscher, Kellner, Gastgeber, Kassierer, Saal-Manager, Weineinkäufer, Manager.

Aber nichts davon erklärt wirkliche Arbeit. «Mein Job», habe ich Leuten auf ihre Frage geantwortet, «ist es, glücklich zu sein. Andere mögen leichter von selber glücklich sein, aber ich muß daran arbeiten.» Es ist eine gute Arbeit, die man immer bekommen kann, obwohl sie nicht immer gut bezahlt wird.

Ich möchte, daß die Menschen glücklich sind. Ich möchte, daß alle Wesen glücklich sind. Nicht in dem Sinn, daß sie alles bekommen, was sie sich wünschen, sondern glücklich durch gütigen, fröhlichen, großzügigen Geist; glücklich über einen friedlichen Tag, einen Tag des Dienens, des Bedienens (»Du mußt da sein, wenn du gewinnen willst!» hat uns Jack erst kürzlich wieder gesagt); glücklich zu sein *mit* den anderen, nicht als der Boß, glücklich zu sein mit Empfangen und Begegnen, mit Geduld, Wärme und Großzügigkeit.

Auf Urlaub vom Zen-Zentrum, wohne ich in Inverness in Kalifornien, koche für Freunde und genieße den Wald.

Edward E. Brown
November 1984

Wer weiß, wie das entsteht?

Hebe ich eine Zwiebel auf,
was halte ich da in der Hand?
Wie viele staubige Kilometer
und LKW-Stops auf glühendem Asphalt,
verborgen in Dunkelheit, verschlossen in Stahl?
Wie viele Tassen Kaffee und müd-äugige
Kellnerinnen begrüßten den Fernfahrer?
Wie viele Minuten Country-music
und schweifende Gedanken brachten die Zwiebel hierher?
Wie viele Tage daheim, in Erde,
eng verbunden, verwurzelt,
unsichtbar eingebettet, in völliger Versunkenheit,
genau wissend, was zu tun
mit Erde und Wasser, Sonne und Wind,
damit Zwiebel entsteht.
Daß alles so zusammen Zwiebel wird,
was für ein Schatz ist da ans Licht gekommen?
Wer weiß, was die Hand hält?